철학의 힘

철 학 의   힘

김형철 지음

인생 중반을 넘어서면
반드시 마주하는
21개의 질문, 21개의 대답

서三삼독

철학이 나를 치유하는 법

옛날 옛적 중국에 한 젊은이가 살고 있었다. 점심을 먹고 나니 몸이 나른해졌다. 젊은이는 나무 기둥에 기대어서 꾸벅꾸벅 졸기 시작한다. 그랬더니 이게 무슨 일인가. 꿈속에서 자신이 호랑나비로 변하는 게 아닌가. 이리저리 날아다니면서 정말 멋진 세상을 경험한다. 다른 나비들과 어울려 꽃에 있는 꿀도 따고 수다도 떤다. 인간으로서는 도저히 가질 수 없는 관점으로 세상을 본다. 마치 드론을 타고 다니는 것 같다.

그러다가 문득 잠에서 깬다. 그러고는 자신에게 묻는다. "좀 전에 내가 나비가 된 꿈을 꾼 것인가? 아니면 나비가 나로 변한 꿈을 꾸고 있는 중인가?" 《장자(莊子)》 「제물론(齊物論)」편에 나오는 호접몽 이야기다.

이 이야기의 핵심은 "세계에 존재하는 모든 것에 대한 인식은 자신이 처한 위치에서 보기 나름이다"라는 인식의 상대성이다. 실재세계(현실)를 가상세계(꿈)와 절대적으로 구분해주는 기준이 과연 있을까? 생각해보라. 어떤 관점에서 보느냐에 따라서 지금이 꿈이기도 하고, 현실이기도 하다.

장자가 우리에게 비교하기를 원하는 것은 '인간인 내가 나비가 되는 꿈'과 '나비인 내가 인간이 되는 꿈'이다. 나비의 꿈과 인간의 꿈은 같을 수 없으므로 비교 불가능하다. 그래서 사실상 우리가 그런 혼돈에 빠질 우려는 없다. 장자는 "세상만사가 자신의 위치에서 보기 나름이다"라는 상대주의를 극적으로 강조하기 위해서 나비를 동원한 사례를 들었을 것이다. 여러분은 어떤가. 장자에게 설득되었는가?

"인간은 자신이 서 있는 관점에서만 세계를 바라볼 수 있다." 니체의 관점주의(Perspectivism)는 장자의 사상과 유사성이 많다. 망치를 든 사람 눈에는 세상이 온통 못으로만 보일 것이다. 어떤 차를 사기로 마음먹으면 그때부터 길에서 그 차가 계속 눈에 띈다. 그 차가 갑자기 많이 팔려서가 아니라, 관심이 생기면서 이전에는 그냥 지나치던 것이 눈에 들어오기 때문이다. 자전거를 타고 다닐 때는 빵빵거리며 쌩하고 지나가는 자동차가 그렇게 원망스러울 수가 없다. 그러다가 자동차를 운전하게 되면 지나가는 자전거가 얄밉기까지 한 경우가 많다. 버스를 타고 전용차선을 달리면 쾌감을 느끼지만 자동차를 운전할 때는 버스 전용차선 때문에 죽을 맛이다. 이처럼 모두 자기가 처한 세계에서 다른 곳을 본다.

그런 우리에게 장자는 묻는 것이다. "내가 어디에 서 있는지를 알 수 있는가?" 하고 말이다. 스스로에게 물어보자. 당신은 자전거를 타고 있는가, 자동차를 타고 있는가? 어느 위치에 서서 세상을 보고 있는가?

몇 년 전 백화점에 쇼핑을 하러 갔다가 우연히 VR(Virtual reality, 가상현실)을 체험해보았다. 휴대폰과 연결된 헤드셋을 통해 마치 내가 스키를 타고 고공 점프하는 듯한 생생한 경험을 할 수 있다는 직원의 권유에 흥미가 생겼다. 돈도 내지 않는 무료 체험이니 거절할 이유가 없었다.

신기하고 새로운 경험이었다. 그런데 문제는 2~3분 정도 지나니 머리가 아프고 어지러움까지 느낀다는 점이었다. 나중에 다른 사람들에게 물어보니 다들 비슷한 경험을 했다는 이야기를 들려줬다. 그래서 가상현실을 경험하게 해주는 기술이 아직은 멀었구나, 싶어 관심을 접었다.

그런데 올해 초, 애플에서 VR 헤드셋을 새롭게 출시했다는 뉴스를 접했다. 400만 원이라는 엄청난 고가여서만이 아니라 출시도 되기 전에 이미 사전예약이 끝나 체험을 해볼 기회조차 없었다. 얼마 뒤, 해당 애플 제품의 반품 요청이 쇄도한다는 기사가 떴다. 두통과 멀미를 호소하는 고객들의 항의가 거세다는 내용의 기사였다.

그러면 우리는 왜 가상세계를 '리얼하게' 경험하는 데 계속 실패하는 걸까? 세상을 보는 것은 사실 눈이 아니라 뇌다. 눈이 뇌에 외부세계의 이미지를 전달하고 회백색의 뇌가 그것을 해석하는 것이다. 심지어 눈은 이미지를 위아래로 뒤집은 형태로 뇌에 전달한다. 이것을 뇌가 다시 해석한다. "눈이 전달해주는 이미지는 무조건 거꾸로구나!" 하면서 말이다. 흔들리는 차 안에서 책을 읽는 것이 가능한 것도 이런 식으로 뇌가 알아서 흔들림을 보정해주기 때문이다.

그런데 헤드셋이 우리의 눈을 통해 전달하는 이미지는 우리의 뇌가 예측하는 것과 다르다. 뇌는, 내가 몸을 이렇게 움직이면 눈으로 전달되는 실재세계 이미지는 이럴 것이라는 기대를 가지고 있다. 그런데 헤드셋을 통해 나에게 전달되는 가상세계의 이미지는 엉뚱하거나 정교하지 않다. 예측한 기대치와 너무 다른 것이다. 그런데 자꾸 이것을 실재하는 것이라고 믿으라 강요당하니 뇌가 여기에 적응하지 못해서 어지럽고 메스꺼운 것이다. 그래서 실재세계와 가상세계의 간격은 아직도 쉬이 좁혀지지 않고 있다.

잘 쓰인 드라마를 열중해서 보면 극 속으로 빨려 들어간다. 몰입해서 보다 보면, 관객들은 극 중 배우와 함께 웃고 함께 분노한다. 게다가 몰아보기를 하면 몰입의 정도는 극에 달한다. 10시간은 거뜬히 드라마를 보고 있는 나 자신을 보면서 이런 몰입도로 글을 썼다면 벌써 책 100권은 출판했을 거라는 생각이 들었다.

드라마를 보는 사람이 이럴 진데, 연기를 하는 배우는 어떻겠는가. 한층 더하다. 사극 드라마를 1년 동안 찍으면서 왕 역할을 실감 나게 한 배우가 있었다. 연기를 훌륭하게 잘 해냈고 마지막 신까지 찍었다. 그러던 어느 날 친구와 밥을 먹다가 갑자기 "술을 따라라!"라고 말하더란다. 친구가 하도 어이가 없어서 "야, 너 왜 그래? 네가 드라마에서나 왕이지 현실에서도 왕이냐? 얘가 자기가 진짜 왕인 줄 아네!"라고 쏘아붙였다고 한다. 그랬더니 "어허, 이놈이 무엄하구나. 여봐라, 거기 누가 없느냐? 이놈을 당장 끌어내서 곤장 100대를 때려라!"라고 언성을 더 높이더란다. 안타깝지만 이 배우는 정신과 의사를 찾을 때가 된 것이다. 가상세계와 실재세계를 문자 그대로 혼동하는 사람들은 정신과 의사를 찾아가 치료를 받을 필요가 있다.

　장자와 니체의 이야기로 돌아가자면, 우리는 각자의 관점에서 세상을 달리 본다. 서 있는 위치에 따라 다른 세계를 보는 것이다. 실재세계와 가상세계를 가르는 절대적인 기준은 없으나, 그럼에도 현실을 명확하게 인지하는 것은 필요하다. 그것이 부족할 때 우리는 정신과 의사를 찾게 된다.

　그런데 이런 치유의 도움을 정신과 의사가 아닌, 철학에서 구할 수도 있다. 무슨 말일까. 철학은 무엇으로 사람을 치유한단 말인가? 철학자는 깨우침을 통해서 사람을 치유한다. "보이는 것은 다 환상이다"라는 불교철학자의 말씀을 새겨들어보라. 정신이 번쩍 들지 않는가? 세상만사 전부 상대적이라는 메시지다. 자기 눈에 보이는 것이 절대적 진리일 거라 믿지 말라는 것이다. "너 자신을 알라"는 소크라테스의 말뜻은 무엇을 알라는 얘긴가? "네가 모른다는 것을 알아라." 그 뜻일 것이다. 그래서 공자(孔子)는 '조문도석사가의(朝聞道夕死可矣)'라고 했다. 아침에 도를 깨치면 저녁에 죽어도 좋다는 의미다.

　이 세상에 없는 것이 세 가지 있다. 첫째, 비밀이 없다. 둘째, 공짜가 없다. 이 둘은 인간관계에 대한 이야기다. 셋째, 정답이 없다. 그런데 질문 중에서 최고의 질문이 무엇인지 아는가? 최고의 질문은 정답이 없는 질문이다. 정답이 없는 질문을 던지면 당연히 답이 나오지 않는다. 원래 질문 속에 답이 있다고 하지 않는가. 그런데 정답이 없는 질문을 던지면 무엇을 얻는가? 정답 대신에 깨달음을 얻는다. 큰 깨달음을 얻기 위해서는 근본적인 질문을 던져야 한다.

철학은 우리를 치유할 질문을 던지는 학문이다. 실재와 가상이 오가고, 오늘의 기준이 어제의 기준과 달라지는 세상에서 정신머리를 붙들기란 참으로 어렵다. 철학은 이런 우리에게 길을 안내한다. 질문을 통해서 말이다.

나는 어떤 세계에 살고 있는가? 아니, 나는 어떤 세계에 살고 있는지 알고 있는가? 인생 중반을 넘어서면 이보다 더 실질적인 질문들과 맞닥뜨린다. 그 질문들을 더는 피하지 말고 철학적 사유를 통해 풀어가는 수밖에 없다. 철학의 힘은 질문을 통해서 깨달음을 주는 것이다.

쓸모없음의 쓸모

옛날에 나무 네 그루가 모여 살았다. 그들은 저마다 자신이 최고라고 뽐냈다.

첫 번째 나무가 자랑한다. "나는 단단하고 몸통이 곧게 자라는 성질이 있기 때문에 최고급 가구를 만드는 목수들이 나를 좋아하지." 두 번째 나무는 "나는 아주 맛있는 열매를 많이 맺기 때문에 어린아이들이 나를 아주 좋아하지"라며 으쓱한다. 세 번째 나무가 이에 질세라 뽐낸다. "나는 아주 향기로운 예쁜 꽃들을 많이 맺기 때문에 귀부인들이 나를 아주 사랑하지." 구석에 처박혀 있던 네 번째 나무는 아무 자랑도 하지 못한다. 그도 그럴 것이 구불구불 자라고 껍질도 딱딱한 그 나무는 아무짝에도 쓸모가 없어 보다.

저마다 자신이 얼마나 쓸모 있는지를 말하던 나무들은 사람들에 의해 하나둘 베어졌다. 그리고 아무짝에도 쓸모없어 보이는 네 번째 나무만 덩그러니 남는다. 더운 여름이 오자 사람들이 이 나무 밑으로 모여들었다. "아, 이 나무 그늘 정말 시원하다"라며 칭찬을 아끼지 않았다.

2500여 년 전 중국의 철학자 장자(莊子)가 말한 '무용지용(無用之用)', 즉 '쓸모없음의 쓸모 있음'의 우화다. 왜 장자는 무용지용을 말했을까? 도대체 쓸모없는 것이 쓸모 있다는 말은 무엇을 의미하는 것인가? 아, 철학자들은 왜 이렇게 우리 머리를 아프게 만드는 것일까?

강력접착제를 개발하던 연구원이 있었다. 그런데 개발한 접착제의 접착력이 너무 약했다. 그는 사내 게시판에 공고를 낸다. "이 쓸모없는 접착제가 필요한 사람은 가져다 쓰세요." 이때 성경책 북마크용 접착제를 개발하던 연구원이 그 접착제를 쓰겠다며 찾아온다. 자신이 개발 중인 접착제는 접착력이 너무 강해 책에 한 번 붙이면 뗄 때마다 종이가 찢어져서 고민이었다. 그런데 접착력이 약한 쓸모없는 접착제를 가져와 사용해보니 떼었다 붙이기를 반복해도 괜찮았다. 이것을 시장에 내놓자 대박이 터진다. 바로 3M의 '포스트잇' 이야기다. 쓸모없는 것이 쓸모 있는 것이 된 실제 사례다.

조롱박으로 물병을 만드는 사람이 있었다. 물병은 물을 충분히 담을 수 있고 또 가지고 다니기에도 편리해야 한다. 그 용도에 꼭 맞는 조롱박만을 골라 물병을 만들었다. 어느 해, 엄청나게 큰 조롱박만 주렁주렁 열리자 고민에 빠진다. 너무 큰 조롱박으로 물병을 만들면 무거워서 들고 다니지 못할 것이고, 잘라도 너무 커서 쓸모가 없을 것 같았다. 조롱박을 헐값에 내놓아도 팔리지 않자 그는 쓸모없는 큰 조롱박을 가게 밖에 수북이 쌓아놓았다.

그러던 어느 날이었다. 한 사람이 오더니 쌓여 있던 조롱박을 모조리 쓸어 담아가는 게 아닌가. 그는 그 큰 조롱박 둘레에 그물을 씌운 다음, 그것을 허리에 동여매고 물에 띄웠다. 조롱박이 커서 공기를 충분히 담을 수 있었기에 둥둥 잘 떴다. 조롱박 안에 물을 담는 것이 신통치 않으면 바깥에 담을 수도 있는 것 아닌가! 장자가 말하는 무용지용의 또 다른 사례다.

장자가 우리에게 던지는 메시지는 분명하다. 사물의 쓸모 있음과 쓸모없음은 사물에 내재한 속성이 아니다. 그것을 바라보는 우리의 마음에 따라 결정되는 것이다. 용처(用處)를 아는 사람에게는 쓸모 있는 것이고, 용처를 모르는 사람에게는 쓸모없는 것이다. 사람도 마찬가지다. 이 세상에 아무짝에도 쓸모없는 사람은 단 한 사람도 없다. 다만 아무짝에도 쓸모없는 자리만이 있을 뿐이다.

철학과 입시생들의 면접을 해보면 예나 지금이나 모두 부모와 싸우고 온다. 철학을 전공하겠다고 하는 순간 전쟁이 시작된다. "하고 많은 전공 중에 왜 하필 철학을 하겠다는 거냐." 그리고 바로 이어지는 말이 있다. "너 그러면 굶어 죽어. 아무짝에도 쓸모없는 거 공부해서 뭐 하려고 그래." 1973년에 연세대 철학과 원서를 쓸 때의 나도 그랬다. 부모님은 완강히 반대하셨다. 그래도 무슨 생각인지 나는 철학을 공부하고 싶었다. 그리고 지금, 그 쓸모없는 철학으로 더 오래 살아남았다. 철학, 인문학의 그 쓸모없음에 쓸모 있음이 있다.

실용을 앞세우는 분야일수록 이론들은 정신없이 쏟아지고 다음 날이면 대부분 폐기 처분된다. 그러나 철학은 2500년 전 스승들의 말씀이 그대로 남아 우리에게 지혜와 통찰을 준다. 그 쓸모없음으로 인해 고전으로 오랫동안 살아남은 것이다.

철학의 힘은 현실에서 힘이 없다는 사실에서부터 나온다. 철학을 한다고 돈이나 권력이 생기지 않는다. 그러면 철학은 우리에게 어떤 힘을 주는 것일까? 바로 '스스로 생각하는 힘'이다. 무엇이 쓸모 있고 없는지는 바로 우리 스스로 판단하는 것이다. 쓸모없는 것이 쓸모 있는 것이고, 쓸모 있는 것이 쓸모없는 것이라고 말한 장자는 이 모든 것이 우리 마음먹기에 달려 있다고 하지 않았는가.

부디 철학을 만나시길. 인문학을 만나시길. 그 만남이 얼마만큼 쓸모 있을지는 온전히 당신에게 달려 있다.

● 차례

01

인생은 왜 짧은가

인생은 흘러가는 것이 아니라 채워지는 것이다.
우리는 하루하루를 보내는 것이 아니라
내가 가진 무엇으로 채워가는 것이다.

———

존 러스킨

그 많던 시간은
어디로 갔을까

겨울이 찾아오고 연말이 다가오면 문득 허탈해진다. 새해를 맞이한 지 얼마 되지도 않은 것 같은데 벌써 연말이라니……. 마치 1년이라는 시간을 도둑맞은 것만 같다.

외국으로 이민을 떠나 40여 년간 연락이 닿지 않았던 초등학교 동창을 만났다. 먼발치에서도 한눈에 알아보고 달려가 얼싸안았다. 안부를 묻고 사는 이야기를 하다가 문득 함께 뒹굴며 장난쳤던 추억들을 떠올렸다. 손에 잡힐 듯 생생한 기억들이다. 무정하여라, 세월이여. 정말이지 시간은 어디로 간 것일까?

네덜란드 심리학자 다우베 드라이스마(Douwe Draaisma)는 우리가 과거를 기억할 때 '망원경 효과'가 나타난다고 했다. 망원경을 통해 사물을 보면 손에 잡힐 듯이 선명하고 세밀하게 보여서 그 물체까지의 거리가 실제보다 짧게 느껴진다. 과거를 돌아볼 때도 망원경으로 보듯이 지난 기억들이 확대되어 보이기 때문에 시간의 거리가 축소된다.[1] 그날 나 역시 망원경으로 추억을 들여다보았기에 40년 전의 일들을 엊그제 일어난 것처럼 생생하게 느꼈던 것이다. '세월이 쏜살같다'라는 말이 있다. 시간은 물리적으로 일정한 속도로 흘러가고 있으련만 유독 짧다고 느껴질 때가 있다.

인생이 짧은
세 가지 이유

인생은 왜 짧게 느껴질까?

첫째, 할 일이 많아서 인생은 짧다. 시간은 수요가 공급보다 많다. 할 일은 산적해 있는데 시간이 늘 부족하다. '부족'과 '희소'를 경제학에서는 이렇게 구별한다. 어느 주차장의 면적이 부족해서 크기를 세 배로 늘렸다. 주차난은 약간 해소됐다. 그러나 사람들은 여전히 쉽게 차를 세우지 못하고 뱅뱅 돌아다닌다. 건물에서 제일 가까운 자리를 차지하고 싶어서다. 주차장을 몇 배로 확장해도 '건물에서 제일 가까운 자리에 대한 수요'

는 늘 넘쳐나기만 하다. 건물에서 멀리 떨어진 자리는 텅 비어 있지만 가까운 자리는 희소가치가 높아 자리다툼이 치열하다. 희소한 것은 값어치가 있다. 인생의 마지막 순간, 가장 희소하고 값진 것은 바로 시간이다. 숨 쉴 수 있는 한 호흡이 모자라 인간은 숨을 거둔다.

둘째, 과거를 망각하기 때문에 인생은 짧다. 살아온 날은 길지만 기억의 용량은 적다. 그래서 지난 시간이 한순간처럼 느껴지는 것이다. 돌아보면 강렬한 사건들만 징검다리처럼 놓여 있고 소소한 일상들은 지워진다. 그렇게 선별적인 기억으로 이어져 있는 시간은 실제보다 짧게 느껴질 수밖에 없다.

2006년, 뇌과학 분야의 유력 학술지 〈뉴로케이스〉에 「비상한 자서전적 기억의 사례」라는 논문이 실렸다. 살아온 모든 순간을 기억하는 여성에 대한 놀라운 보고서였다. 질 프라이스라는 이 여성은 평생 경험한 것에 대한 기억을 언제나 생생하게 지니고 있었다. 어떤 날짜를 제시하면 그날 벌어진 역사적인 사건과 사고를 상세히 떠올릴 뿐만 아니라, 그날 먹은 음식과 만났던 사람들까지 완벽하게 기억해냈다. 이 증상은 '과잉기억증후군'이라는 이름으로 학계에 보고된다.

그녀의 놀라운 기억력은 세계적인 화제가 되었지만 정작 그녀는 행복하지 않았다. 어린 시절 받은 상처, 남편을 잃은 기억

등 잊고 싶은 모든 기억이 그림자처럼 따라다녀 늘 괴로움에 시달렸기 때문이다. 뛰어난 기억력으로 인해 과거와 현재를 동시에 살아가야만 하는 그녀는, 망각이야말로 큰 축복이라고 말한다.[2] 우리가 기억 저편으로 날려버린 시간 속에는 불행도 포함되어 있다. 그러니 과거를 모두 기억한다면 불행에서 헤어 나올 수 없을 것이다.

인간에게 망각은 일종의 생존을 위한 기술이다. 우리는 선별된 기억을 통해 부정적인 기억을 지우고 미래를 향해 새롭게 나아갈 수 있다. 그러니 과거는 잊어야 한다.

과거의 실패를 잊어야 하고, 마찬가지로 과거의 성공 또한 잊어야 한다. 실패에 대한 감정이 남아 있으면 앞으로 나아가는 발걸음은 가볍지 못하다. 사람은 한번 성공하면 그 방식을 답습하려는 경향이 있다. 왜 잘됐는지 그 원인을 생각하지 않은 채 무조건 과거의 방식만 반복하려 한다. 그러니 과거의 성공도 잊어야 한다. 과거를 잊되 성공적으로 망각하는 가장 좋은 방법은 교훈을 얻는 것이다. 비록 인생이 짧게 느껴질지언정 덧없게 흘려보내지 않기 위해서는 교훈을 얻고 나머지는 잊어야 한다.

셋째, 시간을 낭비하기에 인생은 너무 짧다. 과거를 지나치게 자주 돌아보면 그만큼 나의 현재는 멈추고 시간이 낭비된다. 실패한 기억이나 서운했던 마음, 인정받지 못해 서글펐던 일들을 끝없이 떠올리며 분노하거나 좌절한 채 주저앉곤 한다. 회상을 반복하는 것이 위험한 이유는 행동하지 않은 채 그 안에 갇히게 되기 때문이다. 어떤 사람에 대해 여전히 서운함이나 화가 남아 있다면, 그 사람을 대면하고 쏟아내 정리하면 된다.

나이 든 사람들은 '그때가 참 좋았다'라고 종종 말한다. 물론 소중한 추억이겠지만, 과거를 돌아보며 향수에 젖는 데 황금같이 아까운 현재를 소진하고 있다. 어떤 경우에는 회상한 것을 회상하는 데 다시 시간을 쓴다. "당신하고 나하고 작년에 강릉에 갔을 때 말이야, 우리가 연애하던 시절 얘기했잖아. 밤차 타고 처음 바닷가에 놀러갔던 얘기 말이야." 사건은 하나인데 그 사건에 대한 이야기는 반복된다. 새로운 경험을 해야 할 시간에 과거가 그 자리를 차지한다. 현재가 시들하고 미래에 대한 비전이 없을 때, 사람들은 과거 얘기를 많이 한다. 그러면서 짧은 인생을 더 짧게 쓴다.

세네카(Lucius Annaeus Seneca)는 인생이 짧은 이유를 '낭비'에서 찾는다. 《인생이 왜 짧은가》라는 책에서 그는 이렇게 말한다. "우리는 수명이 짧은 것이 아니라 많은 시간을 낭비하고 있는 것이다. 인생은 충분히 길다. 잘 쓰기만 한다면 수명은 큰일을 해내기에도 충분하다. 하지만 방탕과 무관심 속에서 인생을 흘려보내면, 좋지 못한 일에 인생을 다 소모하고 나면, 그때는 마침내 죽음이라는 마지막 강요에 못 이겨 인생이 가는 줄도 모르게 지나가버렸음을 뒤늦게 깨닫게 되는 것이다."[3]

세네카는 사치와 향락을 좇아 바쁘게 살면서 정작 행복은 돌아보지 않는 사람들을 비난한다. 인간의 수명이 짧은 것이 아니라 인간이 수명을 짧게 만들었고, 수명이 넉넉지 못한 것이 아니라 우리가 수명을 낭비하는 것이라고 말한다.

만약 천수를 누린다면 인생이 길다고 느껴질까? 그렇지 않다. 얼마를 살더라도 죽음의 순간이 되면 우리는 인생사 일장춘몽이구나, 하고 탄식할 것이다.

"아무도 그대에게 세월을 되찾아주지 않을 것이며, 아무도 그대를 다시 한 번 그대에게 돌려주지 않을 것이오. 인생은 처음 시작한 그대로 흘러갈 것이고, 진로를 되돌리거나 멈추지 않을 것이오. 인생은 소란도 피우지 않고, 자신의 속도를 상기시키지도 않은 채 소리 없이 흘러갈 것이오. 인생은 왕의 명령에 의해서도 백성의 호의에 의해서도 더 길어지지 않는다오. 인생은 첫날 출발한 그대로 계속해서 달릴 것이며, 어디서도 방향을 틀거나 머물지 않는다오. 하지만 그대는 분주하고 인생은 달려가고 있소. 그사이 죽음이 다가오면 그대는 원하든 원하지 않든 죽음을 위해 시간을 내야 할 것이오."[4]

세네카의 이 말처럼 인생을 돌이킬 수는 없다. 이렇게 살아도 짧고, 저렇게 살아도 짧은 것이 인생인지도 모른다.

내일이
궁금해지는 순간

그런데 여기에 반전이 있다. 짧게 느낀다는 것은 곧 좋은 인생을 살고 있음을 뜻할 수도 있다.

내가 아는 선배는 5년 단위로 인생을 계획하라고 말한다. 그 선배가 '5년'으로 인생의 단위를 정하게 된 계기가 있다. 그가 한창 젊었을 때, 65세를 맞아 은퇴를 앞둔 교수님을 뵙게 되었다고 한다. 안부 인사를 드리자 교수님은 "내가 살면 얼마나 더 살겠어. 한 5, 6년 더 살겠지"라며 특별한 일 없이 지낸다고 하셨다. 환갑을 맞으면 장수했다고 축하연을 하던 시절이었으니, 일흔 살쯤까지 살게 되리라고 생각하셨나 보다.

그로부터 5년 정도 시간이 흘러 그분을 다시 뵙게 되었다. 고희가 된 교수님은 이렇게 말씀하셨다. "내가 살면 얼마나 더 살겠어." 그리고 역시 아무 일도 하지 않고 지내신다고 했다. 그런데 그분은 그로부터 15년을 더 사셨고 85세에 돌아가셨다. 건강하였음에도 은퇴 후 거의 20년을 아무런 활동 없이 보내신

것이다. 그전까지는 괄목할 만한 업적을 이룬 분인데 다가올 죽음을 기다리며 긴 세월을 그냥 흘려보낸 것이다.

그 교수님의 노년을 생각하며 선배는 인생의 단위를 5년으로 정했다. "5년 단위로 계획을 해라. 은퇴까지가 아니라 120살까지 계획을 해. 아니, 그냥 영원히 살 것처럼 계획을 해라." 계획이 있으면 내일이 궁금해진다. 니체(Friedrich Wilhelm Nietzsche)는 "이 순간 후에 무슨 일이 일어날지 궁금하고, 내가 해낼 일이 궁금해진다. 그렇게 궁금해지는 순간 우리는 인생을 살 만한 가치가 있는 것으로 여기고 있는 것이다"라고 말했다. 호기심이 있다는 건 인생에 몰입하고 있다는 증거다.

내일이 궁금하고, 내년이 궁금하고, 앞으로의 시간이 궁금하면 인생은 짧게 느껴진다. 한 치 앞도 궁금하지 않은 시간, 또는 가치 없는 영겁의 시간보다 호기심에 차 있는 한 줌의 삶이 더 소중하다. 다가오는 시간은 늘 새롭다. 우리는 그 시간을 몰입으로 꽉 채워서 살아야 한다.

죽음 앞에서 '지겨운 인생을 지금까지 이어왔구나' 하고 탄식할 것인가, 아니면 '즐기기에도 짧은 생이었노라'라며 여한 없이 눈을 감을 것인가. 시간이 빨리 흐르고 인생이 짧게 느껴진다면 축복으로 여겨도 좋다. 당신은 지금 밀도 있는 삶을 살아가는 중이기 때문이다.

● 생각해볼 문제

1 조용히 눈을 감고 잠시 생각해보자.
지금 당신의 인생은 짧게 느껴지는가?

---

2 짧게 느껴진다면 과거와 무엇이 달라졌기 때문인가?

---

3 삶을 충실하게 사는 방법에는 어떤 것이 있을까?

---

4 내 삶의 전성기는 언제인가?

02

삶은 왜 불공평한가

인생이란 결코 공평하지 않다.
이 사실에 익숙해져라.

───────

빌 게이츠

불평등의 핵심,
가족

삶은 왜 불공평한가? 불평등은 도대체 어디서 비롯하는가? 프리드리히 엥겔스(Friedrich Engels)가 보기에 삶을 불공평하게 만드는 주요 원인은 놀랍게도 가족이었다.

첫째, 한 가족은 다른 가족과 다른 DNA를 가지고 태어난다. 둘째, 부모가 물려준 재산이 다르다. 셋째, 가정교육을 포함해서 교육 수준이 다르다. DNA, 재산, 교육의 불평등을 유발하는 이 세 가지가 나오는 곳이 바로 가족이다. 결국 인간의 불평등은 가족이라는 제도에 기인한다. 엥겔스는 불평등을 유발하는 조건을 없애기 위해서는 가족을 해체해야 한다고 주장했다.[1]

삶은 구조적으로 불공평하다. 가족은 가장 불평등한 조직이며 불평등한 관계다. 부모, 자식, 형, 동생 등 가족 구성원은 위계질서에 놓여 있다. 서양의 가족도 그렇지만 동양, 특히 유교 사회에서는 가족 간 위계질서를 강조한다. 공자는 《논어(論語)》에서 "임금은 임금답게, 신하는 신하답게, 아버지는 아버지답게, 자식은 자식답게(君君, 臣臣, 父父, 子子)" 살아가라고 했다. 이것이 정명(正名)사상이다. 각자 맡은 역할에 충실해야 하므로 왕은 왕으로서의 역할, 신하는 신하로서의 역할, 부모는 부모로서의 역할, 자식은 자식으로서의 역할을 충실하게 해야 한다는 것이다. 정명사상에 따르면 부모와 자식의 역할은 각각 다르다. 엥겔스는 불평등을 유발하는 가족을 해체해야 한다고 했지만, 유교는 가족 내의 불평등을 사회로 연장했다. 사회와 공동체도 가족의 연장선상으로 보고 임금은 부모와 같고 신하는 자식과 같다고 말한다.

유교에서 말하는 '인(仁)'이란 차별적 사랑이다. 보편적 사랑을 말한 묵자(墨子)는 "길을 가는 노인도 내 할아버지와 똑같이 대하라"라고 했다. 이에 대해 맹자(孟子)는 "친할아버지도 길에 있는 노인처럼 대하라는 것인가?"라며 반박했다.

플라톤 역시 가족이 불평등의 핵심이라고 보았다. 《국가》에서 그는 인간은 세 가지 계급으로 나뉜다고 말했다. 첫 번째는 지배자 계급인 철인왕. 그는 지혜라는 덕목을 가지고 있다. 두 번째는 전사 계급. 이들은 용맹이라는 덕을 가지고 있다. 세 번째는 노동자 계급. 이들은 근면·절제라는 덕목을 가지고 있다. 그중 전사 계급은 다부다처제를 이루도록 했다. 일부일처제라면 자기 가족에 대한 강한 애착을 갖게 된다. 국가를 방어해야할 전사 계급이 국가보다 가족을 먼저 지키려는 마음이 앞선다면 국가의 존립에 난항을 겪게 된다. 하지만 다부다처제는 애착의 정도가 느슨해질 수밖에 없다. 따라서 전쟁이 일어났을 때 자신의 개별적 가족보다는 모두를 보호하기 위해 싸울 수 있다.

이처럼 플라톤은 인간 불평등의 기원을 가족에서 찾았다. 가족을 사유재산 등 모든 개인적 이익을 만들어내는 핵심 요소라고 보았던 것이다.

공평·불공평에 대한 여러 입장들

「마태복음」에서 예수는 다음과 같은 이야기를 들려준다.

어느 포도원의 주인이 아침에 거리에 나가서 일꾼들을 모은다. "오늘 포도원에서 일하면 한 데나리온을 주겠소." 그렇게 만난 일꾼들이 포도원에 가서 일을 시작한다. 점심이 되었는데도 여전히 일손이 모자라자 주인은 다시 나가 일꾼을 모은다. "일할 사람 모이시오." 점심에 모인 사람들도 포도원에서 일을 한다. 늦은 오후, 주인은 다시 거리로 나가 일꾼을 부른다. 뒤늦게 모인 이들도 포도원에서 일을 한다. 저녁이 되어 하루 일과를 마친 뒤 주인은 품삯을 나눠준다.

그런데 아침, 점심, 늦은 오후에 모인 이들이 똑같이 한 데나리온씩을 받는 것이었다. 이른 아침부터 일한 사람들이 목소리를 높인다. "불공평합니다. 난 아침부터 일했고, 저 사람은 겨우 저녁이 다 되어 일을 시작했는데, 어떻게 똑같이 받을 수 있단 말입니까?" 포도원 주인은 말한다. "여보게, 나는 자네에게 잘못한 것이 없네. 자네는 하루 품삯으로 한 데나리온을 받기로 처음부터 정하지 않았는가? 자네 품삯이나 가지고 가게. 모든 사람에게 똑같이 준 것은 내 마음에 달린 것일세." 그러면서 그 유명한 말을 남긴다. "처음 된 자가 나중 되고 나중 된 자가 처음 된다."

예수는 남과 비교하지 말라, 불공평하다고 불평하지 말라고 이야기한다. 공평과 불공평을 따지기 위해서는 비교 대상이 필요하다. 이에 예수는 비교하지 않으면 불공평도 없다고 말했다.

존 롤스(John Rawls)는 일한 만큼 가져가는 것이 공평한 것이 아니라고 말한다. 내가 지닌 능력, 집안 배경, 학력 등은 고스란히 내 노력에 의한 것인가? 그렇지 않다. 이는 부모나 주변 사람들의 도움, 또한 전 세대가 물려준 유산을 기반으로 한다. 뉴턴이 발견한 중력의 법칙은 그의 독창적인 깨달음이 아니라 선대부터 축적된 지적 재산의 결과물이다. 뉴턴은 이와 같이 말했다. "내가 더 멀리 볼 수 있었던 것은 거인의 어깨 위에서 세상을 바라보았기 때문이다."

롤스는 사회 협동에서는 개인적 재산을 명확히 구분하기가 어렵기 때문에 단지 공동 재산만이 있을 뿐이고, 그 전체가 협상의 대상이라고 주장한다. 사회 구조의 가장 밑바닥에 있는 사람이 '그래도 이 정도면 나는 살 만하다'라고 만족할 만한 수준이 되도록 분배하는 것이 공평하다고 했다. 바로 '차등의 원칙'이다.[2]

로버트 노직(Robert Nozick)은 이에 반대하며 각자의 자유에 의해 맺은 계약으로 발생하는 불평등은 정당하다고 말한다. 노직은 자유지상주의자다. 그는 사유재산의 획득 방식과 교환 방식이 정당하다면 그 분배는 잘못된 것이 아니라고 말한다.

노직은 저서 《아나키에서 유토피아로》에서 모든 사람이 자신의 소유에 대해 정당하게 권리를 주장할 수 있으면 그 분배는 정의로운 것이라고 주장한다.[3] 그는 소유권 이론을 통해 국가가 개인의 소유권을 부당하게 침해하지 않는 것이 정의라고 말했다. 최초의 사유재산권은 자원에 대한 노동력 투입에 의해 창출된 가치를 소유하는 것에서 시작한다. 노직에 의하면 각 개인은 노동에 따른 결과물에 대해 소유권을 주장할 수 있고, 그것을 자발적인 합의를 통해 타인과 교환할 수 있다.

영국 철학자 데이비드 흄(David Hume)은 정의는 자연적 덕목이 아니라 인위적 덕목이라고 말한다. 인간은 천사도 악마도 아닌, 제한된 범위 내에서 이타심을 발휘하는 존재다. 따라서 개인 간의 갈등을 해결함으로써 모두에게 이익이 되는 원칙을 적용하는 인위적인 기준, 즉 제도를 세워야 한다고 말한다. 흄에게 정의의 역할은 타인의 재산에 대한 존중과 계약의 준수 등 재산 및 계약을 보호하는 것이다. 그는 타인의 재산권 침해, 사기, 기만 등의 행위를 하지 않는 한 누구나 자유롭게 경제활동을 할 수 있다고 말했다.

의지는
공평하게 주어졌다

불공평을 확장하거나 증폭하는 사회적 제두들이 있다. 대표적인 것이 바로 로또다. 1등에 당첨되면 하루아침에 수십억대

부자가 된다. 로또뿐 아니라 경마를 비롯한 각종 도박들 역시 불평등을 심화시킨다. 이 사람에게 빼앗아 저 사람한테 채워주는 제로섬게임이기 때문이다.

그런데 모든 이의 삶을 반드시 공평하게 만들어야 하는가? 올림픽 시즌이면 모두 가슴을 졸이며 경기를 지켜본다. 금메달이 확정되면 큰 소리로 환호한다. 이렇게 우리는 자발적으로 1등에 박수를 보내고 선망하며 승자가 부와 명예를 독식하는 구조를 만든다. 선수들은 올림픽 금메달을 위해 4년 동안 모든 것을 걸고 연습에 몰두한다. 1등, 2등 구분 없이 모든 결과가 공평하게 평가된다면 그 누구도 노력과 열정을 그만큼 쏟지 않을 것이다. 인간은 공평함을 원하는 동시에 원하지 않는다. 그래서 시기와 질투가 존재한다.

미국의 교육 시스템은 공평하기를 원하면서 원하지 않는 본성을 충실히 따른다. 누구든지 기본적인 교육을 받을 수 있는 '기회의 평등'을 제공한다는 취지에서 공립교육이 존재한다. 또 한편으로는 '더 배우기 위해서 더 많은 비용을 지불하겠다'는 사람들을 위해 사립교육이 존재한다. 공립학교에는 국가 보조금이 지원되므로 누구든 무상으로 교육을 제공받을 수 있다. 그러나 사립학교에는 국가 보조금이 없다. 모든 비용을 부담하고 더 좋은 교육을 받겠다는 사람에게 선택의 자유를 준다. 현실적으로 결과가 평등하기를 기대할 수는 없고, 기회의 평등을 추구할 수밖에 없다.

세상은 그다지 공평하지 않다. 타고난 재능과 환경이 뒷받침되어야 한다. 좋은 사람들을 만나 기회를 얻기도 해야 한다. 자신의 능력만으로 결과가 나오는 것도 아니다. 같은 출발선상에서 출발했지만 운이 좋아서 성과를 얻는가 하면 그렇지 못한 경우도 있다. 학연, 혈연, 지연 같은 소위 연고주의의 영향을 많이 받는 우리나라의 경우는 불공평을 느낄 때가 더 많다.

세상에는 '나중 된 자가 먼저 되는' 일도 비일비재하다. 엘리베이터에 먼저 탄 사람은 먼저 내리는가? 제일 먼저 타면 제일 늦게 내린다. 비행기 수하물도 안쪽부터 채워 넣기 때문에 제일 늦게 짐을 실은 사람이 제일 먼저 찾는다. 공평하려면 먼저 탄 사람이 먼저 내리고, 짐을 늦게 실은 사람이 늦게 찾아야 할 텐데, 그렇지가 않다.

세상이 공명정대하려면 불공평한 것을 바로잡는 일이 무엇보다 중요하다. 앞서 말한 대로 엥겔스는 불공평의 산실인 가족을 해체하자고 주장했다. 롤스 역시 공평을 추구했지만 가족 해체라는 극단적인 방법까지 강구하지는 않았다. 노직은 평등이 오히려 더 큰 폐해를 가져온다고 말했다. 질투와 시기라는 본성을 지니고 끝없이 남과 비교할 수밖에 없는 인간의 특성상 완벽한 공평함은 유토피아에서나 가능할지도 모른다. 작가 조지 오웰(George Orwell)은 "모든 동물은 평등하다. 그러나 어떤 동물은 다른 동물보다 더욱 평등하다(All animals are equal but some animals are more equal than others)"라고 말한다.[4]

현실의 삶은 불공평하다. 그러나 분명한 것은 인간에게는 질투와 시기, 비교라는 한계와 싸우며 공평함을 추구하기 위한 의지가 주어져 있다는 점이다. 모든 인간이 한계를 지니고 태어난 것처럼 의지 또한 공평하게 주어진다.

● 생각해볼 문제

1 공평함은 중요한가?

---

2 평등과 공평은 어떻게 다른가?

---

3 능력과 노력에 따라 결과물을 분배하는 것은 공평한가, 불공평한가?

---

4 가족을 해체하지 않고서 공평해지는 길은 무엇인가?

03

죽음은 두려움의 대상인가

가장 좋은 것은 아예 태어나지 않는 것이다.
죽음, 그것은 길고 싸늘한 밤에 불과하다.
그리고 삶은 무더운 낮에 불과하다.

———————

하인리히 하이네

죽음이
두려운 까닭

어느 날 스승이 제자를 불렀다. "지금부터 내가 묻는 말에 '예'라고 대답하면 너를 몽둥이로 내리칠 것이다. '아니요'라고 말해도 그럴 것이다. 대답이 없어도 마찬가지다." 이럴 수도, 저럴 수도 없던 제자는 하릴없이 매질을 당한다.

스승은 제자에게 이런 가르침을 주고자 했는지도 모른다. '살다 보면 피하려 해도 피할 수 없는 것이 있다. 그것이 다가오면 덤덤하게 받아들여야 한다.' 인생에서 결코 피할 수 없는 것, 만인이 공평하게 맞이하게 되는 숙명, 바로 죽음이다.

한 걸음씩 산을 오른다고 생각했지만 사실은 한 걸음씩 산을 내려가고 있었던 거야. 그래, 맞다. 세상 사람들은 내가 산을 오른다고 보았지만 내 발밑에서는 서서히 생명이 빠져나가고 있었던 거야…… 그래, 결국 이렇게 됐지. 죽는 일만 남은 것이다![1]

톨스토이의 《이반 일리치의 죽음》에서 주인공 이반 일리치는 병으로 죽어가는 순간에도 자신의 죽음을 받아들이기를 힘겨워한다. 그는 자신이 죽어간다는 사실을 마음 깊은 곳에서는 알고 있었다. 하지만 그것을 사실로 받아들이지 못했고 이해하지도 못했으며 또 이해할 수도 없었다. 그래서 끊임없이 절망했다.

지금 이 순간에도 우리는 죽음을 향해 걸어가고 있다. 하지만 이반 일리치처럼 자신의 죽음만은 받아들이려 하지 않는다. 죽음의 얼굴을 대면하기란 생각만 해도 두려운 일이다. 죽은 자는 말이 없으니 살아 있는 우리는 죽음에 대해 상상할 뿐 실체를 알 수는 없다. 알 수 없는 것은 우리를 두렵게 한다. 그래서 죽음에 대한 두려움이 더 큰지도 모른다.

두려움은 자신의 존재가 사라진다는 사실에서 온다. 그러나 세네카의 말처럼 세상에 태어나기 전에 우리는 존재하지 않았고, 자신이 존재하지 않았던 그 시간에 대해서는 공허함이나 두려움을 느끼지 않는다. 그렇다면 죽은 후에 무존재/비존재가 되었을 때, 내가 무존재/비존재 상태라는 사실에 대하여 어떤 감정도 남지 않으리라. 과거는 지나갔고 미래는 오지 않았으니 모든 시간이 내 것이 아니다. 그런데 우리는 무엇이 그토록 두려운 걸까.

두려움을
삶의 에너지로 바꾸다

죽음에 대한 공포를 느끼는 데에는 진화론적인 이유가 있다. 레쉬니한 증후군(Lesch-Nyhan syndrome)은 몸에 자극이 와도 고통을 느끼지 못하는 질병이다. 이 질병의 환자 중에서 어떤 이는 손가락 마디가 점점 사라진다. 손가락을 깨물어도 아프지 않으니 자꾸 물어뜯다가 손마디가 뭉개지는 것이다. 이로 입술을 뜯다가 입술 일부분이 잘려나가기도 한다. 통증에 대한 자각이 없어 대개 스무 살 이상 살지 못한다고 하니 얼마나 무서운 병인가.

통증이란 센서다. 통증은 오히려 우리를 위험에서 지켜준다. 고통의 시간은 길다. 이 경험으로 우리는 평소에도 위험을 경계하며 생존 가능성을 높여간다. 반면 쾌락의 순간은 짧다. 쾌락이 없다고 생존에 위협을 당하거나 삶의 근간이 흔들리지는 않는다. 쾌락은 짧고 두려움과 불안은 길다. 고통의 극한에 죽음이 있으며 유한한 인간은 죽음에 대한 공포를 안고 살아간다. 그런데 놀랍게도 이런 두려움 속에 에너지가 깃들어 있다. 두려움을 긍정적인 에너지로 끌어올리는 힘이 바로 지혜다.

《장자(莊子)》「산목(山木)」편에 사마귀 우화가 나온다. 어느 날 장자는 큰 날개와 눈을 가진 기이한 까치를 보았다. 밤나무 숲으로 날아가 앉은 그 까치를 향해 활을 겨누던 순간, 놀라운 광경을 보았다. 자신이 죽을 줄도 모르고 까치는 사마귀를 잡는 데 골몰해 있었고, 그 사마귀는 근처의 매미를 잡느라 까치의 존재를 몰랐으며, 매미는 그늘 아래에서 우느라 사마귀를 보지 못했다.[2]

학생들에게 이 우화에서 무엇을 배웠는지 물어보면 대개 약육강식(弱肉强食)이라는 사자성어를 말한다. 틀린 이야기는 아니다. 아니, 가장 모범적인 답변이라고도 할 수 있다. 우화는 행간에 의미가 있으니 장자가 들려준 이야기는 오늘날 다른 시선으로 해석될 수 있다. 약육강식의 세상이라고 웅크리고 있을 수만은 없지 않은가.

이로운 것에만 골몰하는 존재는 생명이 짧다. 긴 생명력을 지니려면 자신에게 해로운 것이 무엇인지 늘 생각해야 한다. 인간은 자신에게 이로운 바를 추구하기도 하지만, 수많은 위험을 극복하기 위해 노력한 결과 이토록 놀라운 문명을 이루었다. 지속 가능한 발전을 이루려면 '무엇이 이로운가'뿐만 아니라 '무엇이 해로운가'에도 관심을 기울여야 한다.

현명한 사람은 뒤를 돌아볼 줄 안다. 자신이 맞이하게 될 불이익이 무언지, 어디에서 위험이 닥쳐올지 헤아리고 판단하는 존재는 생존력이 높다. 죽음에 대한 두려움이야말로 생존력을 높이는 가장 효과적인 방법인지도 모른다.

생의 한가운데에서
죽음을 생각하라

죽음에 대한 두려움보다 더 두려운 것이 무엇일까. 바로 두려움에 대한 두려움이다. 미국의 루스벨트(Franklin Roosevelt) 대통령은 취임사에서 "우리가 두려워해야 할 것은 두려움 그 자체다"라는 명언을 남겼다. 두려움에 사로잡히면 당황하고 서두르는 와중에 일을 그르치게 마련이다. 쓰나미가 밀려오면 사력을 다해 언덕으로 달려가야 하는데, 공포에 짓눌려 그 자리에서 멈추어 서 있는 것과 같다. 촌각을 다투는 시간에 꼼짝할 수

없다면 두려움에 대한 두려움에 빠진 건 아닌지 생각해보아야
한다.

《장자》「어부(漁夫)」편에 날마다 뛰어다닌 사나이 이야기가
있다. 그는 자신의 그림자가 두렵고 자신의 발자국이 싫어서
늘 뛰어다녔다. 그러나 그림자는 지워지지 않았고 발자국은 긴
행렬을 그리며 쫓아왔다. 이를 떨쳐내기 위해 그는 묘안을 짜
냈다. 그림자와 발자국에게서 완벽하게 도망치는 방법은 오직
하나, 더욱 빠르게 달리는 것이었다. 그러나 그럴수록 그림자는
그의 몸을 떠나지 않았고 발자국은 더욱 많아졌다. 그렇게 평
생을 도망치면서 산 그는 결국 자기의 뜻을 이루지 못하고 죽
고 말았다.[3]

장자는 왜 이렇게 어리석고 비현실적인 인간상에 주목했을
까. 헛된 달음질로 인생을 허비한 그림자 사나이는 혹시 우리
자신의 모습은 아닐까. 장자는 시대를 관통하는 혜안으로 항
상 같이 갈 수밖에 없는 것을 떼어놓으려 하는 인간의 어리석
음을 통찰했다.

우리는 죽음을 면해보겠다고 애를 쓴다. 하지만 그 수고로움
이 모두 헛되니, 그림자와 발자국은 자신과 결코 분리될 수 없
기 때문이다. 그렇다면 이를 기꺼이 자신의 일부로 끌어안아야
한다. 그림자와 발자국이 있기에 자신이 완성된다고 여겨야 한

다. 죽음을 삶에서 떼어놓고 생각할 수는 없다. 아니, 죽음은 삶의 일부분이다.

몽테뉴(Montaigne)는 "철학은 죽는 법을 배우는 것이다"라고 말했다. 그는 죽음에 무관심해질 수 있을 때 눈을 감고 싶다고 했는데, 죽음에 무관심해지는 길은 역설적으로 죽음에 대해 알고 죽음에 익숙해지는 것이었다. 죽음의 의미를 알면 삶의 의미도 알 수 있다는 뜻이다. 삶의 의미를 삶에서만 찾으면 그 정수를 만날 수 없다. 빛을 이해하려고 그림자를 알아가듯 생의 한가운데에서 죽음을 생각해보라. 죽음에 대한 이해가 우리를 의미 있는 삶으로 이끌 것이다.

죽음은
사건이 아닌 과정

우리 몸의 정상 세포들은 어느 정도 성장한 후에는 죽는다. 인체는 죽어가는 세포와 새로 탄생하는 수많은 세포로 이루어진 셈이다. 그런데 암세포는 다르다. 주변 영양분을 다 빨아들이면서 자신만 끝없이 성장한다. 그리고 다른 세포들이 살지 못하도록 방해한다. 암세포는 죽지 않기에 문제를 일으킨다. 방

사능 치료는 암세포를 죽이지만 이 과정에서 정상 세포들까지 해를 입는다.

작용보다 반작용이 더 중요하다. 죽지 않으려고 하면 할수록 죽음은 더 가까이 다가온다. 그래서 요즘은 암과 더불어 살아가는 치료법이 소개되고 있다. 암세포가 정상 세포를 공격하지 않는 한 그냥 둔다. 죽음을 막으려다 삶을 해치는 우를 범하지 않으려는 지혜다.

세네카는 죽음을 담담하게 받아들이라고 강론했다. 그는 죽음에 대한 공포를 건드릴 때 인간은 가장 취약한 상태가 된다는 사실을 간파했다. 그리고 모든 악은 죽음에 대한 공포에서 나온다고 생각했다. 장자와 몽테뉴, 세네카까지 전 시대를 걸쳐 철학자들은 피할 수 없는 한 가지 사실, 죽음을 받아들이라고 권유한다.

마르쿠스 아우렐리우스(Marcus Aurelius) 또한 《명상록》에서 인생이란 티끌 같은 것이니 연연하지 말라고, 죽음도 생의 한 과정일 뿐이라고 말한다. "죽음을 두려워하지 말라. 죽음이란 자연의 한 과정일 뿐이니 오히려 즐겁게 받아들여라. 청년이 나이가 들어 노인이 되는 것처럼, 갓난아이가 장년이 되어 수염이 나고 이윽고 백발이 되는 것처럼, 그리고 잉태하여 배가 불러오고 마침내 새로운 생명이 탄생하는 것처럼, 그 밖에 다른 모든 현상과 마찬가지로 죽음 역시 자연의 한 과정에 지나지 않는다. 그러므로 죽음에 대해서 무관심하거나 두려워하거나 당황하지 말고, 그를 침착하고 담담하게 받아들여라. 임신부가 아이가 탄생할 때를 기다리듯 당신의 영혼이 육체라는 껍질에서 벗어날 때를 기다려라."[4]

담담하게 받아들이는 행위도 중요하지만 그 결론에 이르는 과정 또한 중요하다. 삶도 죽음도 긴 여행을 향한 여정의 일부다. 영국의 철학자이자 수학자 화이트헤드(Alfred North Whitehead)는 우주 전체가 하나의 생명체이며 모든 것은 과정이라고 말했다. 그에게 죽음은 모든 것을 종결하는 사건이 아니라 생의 긴 과정 중 일부였다. 전통 신학이 존재의 철학에 기초했다면, 화이트헤드는 과정 혹은 생성의 사상을 모델로 하여 현대 정황에 맞는 과정신학을 말했다. 화이트헤드에 의하면 세상의 모든 것은 끊임없이 새로 생겨나고 또 사라지며 모든 존재는 변하는 과정 속에 있다. 따라서 죽음을 하나의 사건으로 본다면 이에 따르는 전환이 있다는 생각에 불안해지지만, 죽음을 과정으로 받아들인다면 두려움을 떨칠 수 있다.

죽음은 한순간에 이루어지는 사건이 아니다. 세포가 죽어가고 생성하고 다시 죽어가는 과정의 하나다. 죽음을 피할 수는 없다. 생명을 보존하려는 본능을 지닌 우리는 죽음에 대한 두려움을 완전히 떨쳐내지 못한다. 다만 두려움에 잡아먹히는 어리석음은 피해야 한다. 죽음이라는 스승이 내 몸을 내리칠 때 통증을 기꺼이 받아들여야 한다. 피할 수 없다면 받아들이라. 죽음은 긴 여정 중의 과정에 지나지 않음을 알고, 받아들이라.

1   삶과 죽음은 다른가, 아니면 같은가?

2   한 번의 죽음에서 끝나지 않고 다시 생을 산다면,
     죽음을 어떻게 받아들이겠는가?

3   죽음의 공포를 극복하는 방법에는 어떤 것이 있는가?

04

어떻게 사는 것이
가치 있는 삶인가

단연코 인생이 주는 최고의 상은
할 만한 가치가 있는 일에서 온 힘을 다할 기회이다.

———————

시어도어 루스벨트

그가 천 억대
부자가 된 이유

마흔 살에 1000억 원을 번 사람을 만났다. 그가 나에게 '가치 있는 삶을 사는 지혜'에 대한 특강을 해달라고 요청했다. 강의를 끝내고 나가려다가 '이 사람하고 다시 만나기도 쉽지 않을 것 같은데 만난 김에 질문 하나 해보자' 싶었다. 그에게 물었다. "어떻게 그 나이에 1000억을 벌게 되었습니까?"

그는 시원하게 대답했다. "저는 세 가지를 지키면서 살아왔습니다. 첫째, 약속을 지켜라. 둘째, 신용을 얻어라." 이건 너무 교과서적인 대답 아닌가? 그런데 세 번째 신조를 듣는 순간 깜짝 놀랐다. "셋째, 저는 '거래하는 파트너가 어떻게 하면 부자가 될 수 있을까?' 이것만 연구했습니다." 역시 달랐다. 나는 왜 마흔 살에 저런 생각을 하지 못했을까.

그 말에 의심을 품는 회의주의자들을 위해서 단순한 가정을 해보자. 당신이라면 파트너를 선택할 때 '저 사람하고 거래해서 손해 안 본 사람 없다'라고 소문난 사람과 거래하겠는가, 아니면 '저 사람하고 거래해서 부자 안 된 사람 없다'라고 소문난 사람과 거래하겠는가? 그렇다. 부자가 되고 싶다면 파트너가 부자가 되도록 도와주어야 한다.

일본의 어느 생선가게 주인은 저녁식사는 무조건 외식을 하는 조금 특이한 습관을 지니고 있었다. 게다가 메뉴는 항상 생선요리였다. 생선을 먹은 후에는 음식점 주인, 주방장과 대화를 나누었다. 그러면서 방금 먹은 생선의 맛과 조리법, 음식 세팅에 관한 섬세한 조언을 들려주었다. 마주 앉은 이들은 고개를 끄덕이며 한 마디도 빠짐없이 받아 적었다.

이 생선가게 주인이 다니는 요릿집에는 공통점이 있었다. 자신이 생선을 납품하는 음식점들이었다. 그도 앞서 말한 1000억을 번 사람처럼, 고객을 찾아가 고객이 부자가 되는 방법을 함께 연구하고 있었다. 그의 가게는 3년 만에 매출이 열 배로 늘었다고 한다.

최후에 나를 기다린
한 가지

사람들은 '가치 있는 삶'을 말할 때, 얼마나 많이 소유하고 많이 성취했는가에 주목한다. 평생 동안 돈을 얼마나 벌었는가, 수하에 몇 명이나 거느렸는가, 권력을 얼마나 누렸는가, 이런 잣대로 삶의 가치를 측정하려는 사람이 있다. '마흔 살까지는 10억을 벌고 쉰 살까지는 20억을 모을 거야'라는 식으로 목표를 정하는 사람도 많다. 이렇게 보험사에서 보험료를 환산하듯이 생전의 자산으로 삶의 가치를 말할 수 있을까.

돈과 권력으로 삶의 가치를 환산하는 것은 점수판을 보면서 테니스를 치는 것과 같다. 테니스는 상대방과 치는 것이지 점수판과 치는 것이 아니다. 테니스의 묘미는 승부 이상의 무엇, 상대방과 공을 주고받는 가운데 느껴지는 힘의 교감에 있다. 수백 억대의 재산가라 해도 죽은 뒤에 그를 애도하는 사람이 없다면 역설적으로 '슬픈 삶'이라고 할 수 있다. 남은 이들은 죽은 이의 삶을 평가하고 가치를 부여한다. 먼저 떠난 이를 그리워하고 그가 남긴 것을 기린다면 가치 있는 삶을 살았다고 할 수 있다.

3000명의 학생을 대상으로 실험을 했다. 인생에서 가장 소중한 것 열 가지를 써보라고 한 뒤, 시간을 주고 그중 세 개를 지우게 했다. 잠시 후 다시 세 개를 더 지우라고 했다. 이제 네 개가 남았다. 다시 잠깐 여유를 준 뒤 두 개를 더 지우라고 하자 살짝 일그러지는 표정들이 보였다. 무엇을 지워야 할지 난감한 얼굴들이다. 그래도 학생들은 수업시간에 공히 주어진 과제이기 때문에 마지못해 지웠다. 마지막으로 두 개가 남았을 때 말했다. 둘 중에 하나마저 지우라고.

그렇게 해서 마지막까지 남은 것은 세 가지로 좁혀졌다. 첫 번째는 절대자이고 두 번째는 가족, 세 번째는 사랑이다. 처음 썼던 열 가지 안에는 다양한 내용이 있었다. 좋은 직장, 영혼의 휴식을 얻기 위한 여행, 안락한 집 등 살아가는 데 필수불가결한 항목들로 채워져 있었다. 그러나 학생들은 그것들을 하나둘 내려놓으며 가장 소중한 것을 향해 나아가고 있었다. 최후에 나를 기다린 단 한 가지는 결코 숫자로 환산될 수 없는 것이었다. 왜 '가장 소중한 것은 숫자로 환산될 수 없다'는 공통된 인식에 도달하게 되는 걸까? 사람은 물질만으로는 살 수 없는 정신적 동물이기 때문이다.

미국이 몰랐던
'도'의 힘

베트남 전쟁 당시, 미국의 국방부 장관이었던 로버트 맥나마라(Robert Strange McNamara)는 TV 기자회견에서 이렇게 말했다. "국민 여러분! 세계 최강의 군대를 가진 우리 미국은 이번 전쟁에서 졌습니다. 우리는 이 전쟁에 임하면서 모든 것을 과학적으로 분석하기로 했습니다. 첫째, 일단 숫자로 환산될 수 있는 모든 것을 환산하기로 했습니다. 둘째, 숫자로 환산될 수 없는 것들은 일단 옆으로 제쳐놓았습니다. 셋째, 숫자로 환산될 수 없는 것들은 별로 중요하지 않은 것이라고 생각하기 시작했습니다. 넷째, 그것들은 사실상 존재하는 것이 아니라고 생각했습니다. 여러분, 바로 이것이 우리가 베트남에 패배한 이유입니다."

최상의 싸움은 부전승이다. 《손자병법(孫子兵法)》에서는 싸우지 않고 이기는 것이 최상의 방법이라고 했다.[1] 전쟁에서 중요한 것은 도(道), 천(天), 지(地), 장(將), 법(法), 이 다섯 가지인데 '도'는 군주부터 백성에 이르기까지 같은 뜻을 가지고 전쟁에 임하는 자세를 말한다. 《손자병법》에서는 이것이 가장 중요하다고 꼽았다. 임금이 정하는 전쟁의 명분, 병사들의 전투 의지,

백성들의 애국심이 한마음 한뜻이 될 때 전쟁에서 승리할 수 있다고 지적한다.[2]

베트남 전쟁에서 미국은 '도'를 알지 못했기에 패전했다. 로버트 맥나마라는 이후 기자회견을 통해, 당시 미국은 전쟁을 해야 하는 명확한 비전이 없었다고 말했다. '도'라는 가치가 절대 숫자로 환산될 수 없음을 뒤늦게나마 깨달은 것이다. 숫자로 환산될 수 '있는' 것에만 연연해 산다면 인생에서 가장 중요한 것을 놓치게 되는 것이다.

국민소득이 1만 달러가 넘으면 전체 인구의 10퍼센트 정도는 탈물질주의자가 된다고 한다. 탈물질주의는 무소유와 다르다. 탈물질주의자는 삶의 목표를 결정하는 데 있어서 물질을 가장 중요한 것으로 여기지 않는 이들이다. 직장을 선택할 때 탈물질주의자는 연봉을 고려하지만 그것이 가장 중요하거나 유일한 요소는 아니다. "인생에서 가장 중요한 것은 물질이 아니다(The most important thing in your life is not a thing)"라는 오래된 경구는 물질에 치우친 삶, 보이는 숫자에 연연하는 삶은 종내 행복할 수 없음을 알려준다.

성찰하지 않는 삶은
가치가 없다

나는 친구들과 한 달에 한 번씩 전국 각지에 있는 휴양림을 찾는다. 젊은 날에는 돈 버느라 건강을 쓰다가 이제 건강을 회복하기 위해 돈을 쓴다. 아니, 돈과 시간을 쓴다. 시간을 쓰지 않으면서 돈을 쓸 수는 없는 노릇이니까. 이제 머리가 희끗희끗하고 노인의 얼굴이 비치는 동창들. 그들을 만나면 늘 반갑다. 오랜만에 만나도 친숙한 이유는 세상을 잘 모르던, 철없던 시절의 경험을 공유하기 때문이리라.

그중 한 명이 휴양림에 대한 정보를 인터넷에서 검색하고 목적지를 정한다. 카페에 공지를 올리면 심신이 허락하는 대로 참여한다. 참으로 즐겁다. 등반은 힘이 들고 위험하기도 하다. 그러나 나지막한 산길을 걸으면서 함께 풍경을 눈에 담으면 반쯤 도인이 된 기분이 든다. 하산하여 술 한잔 나누다 보면 너도 나도 철학자가 되어 있다. 풍경은 아름답고 세상을 논할 벗이 있으니 나는 한없이 행복한 사람이다.

일상에서 의도적으로 일탈하여 신선한 감각을 느끼기 위해 우리는 여행을 떠난다. 나 자신을 벗어나면 더 크고 아름다운 세상이 있다. 다만 스스로 보지 못할 뿐이다. 쳇바퀴처럼 돌아가는 삶의 관성에 편승하는 것만큼 어리석은 짓은 없다.

그런데 고속도로에는 서로 빨리 가려는 차들로 아수라장이다. 병목 구간에서는 절로 고개를 젓게 된다. 갓길을 마구 달리는 사람, 앞차의 꽁무니에 바짝 들이대는 사람, 깜빡이를 켜지 않은 채 무작정 끼어드는 사람, 이것이 대한민국 교통질서의 현주소다. 사람들은 왜 이렇게 속도를 내려고 할까. 왜 빨리 가지 못해 아우성일까. 왜 기다리지 못할까. 남보다 천천히 가면 패배한다고 생각하는 것일까.

질주하듯 인생을 살면, 남을 추월하며 짜릿한 승리감을 느낄 수도 있고 기회도 많이 얻게 될 수 있다. 그러나 속도보다 더 중요한 것이 있다. 바로 방향이다. 내 차가 어디로 가는지 방향을 알아야 한다. 방향을 인지하기 위해서는 내 현재 위치를 알아야 한다. 요즘 내비게이션 덕분에 어디든 편하게 다닐 수 있지만, 인공위성이 GPS를 통해서 내 현재 위치를 파악해주기 전까지는 내비게이션도 방향을 제시하지 못한다. 삶의 구심점에 철학적 문제를 두어야 하는 이유가 여기에 있다.

철학자들은 구체적인 답을 제시할 수 없는 질문을 던진다. 답이 없어도 그들은 질문한다. 질문을 멈추면 삶을 의미 있게 살 수 없기 때문이다. 삶에 의미를 부여하기 위해서 우리는 철학적 질문을 던져야 한다. 같은 질문을 거듭 던지며 해답을 찾아간다. 질문을 품고 있다는 것 자체가 의미 있게 살아가고 있다는 증거다.

수많은 질문 중 가장 선행되어야 할 것이 바로 자신의 현재 위치를 파악하는 질문이다. 위치가 파악된 후에야 방향이 제시될 수 있다. 방향이 보이면 적절한 속도를 내면 된다. 의미를 향한 여정에서 그 순서는 위치, 방향, 그리고 속도다. 속도부터 낸다면 자칫 맹목적인 삶이 될 수 있다. 그런데 현재 위치는 유동적이며 방향 또한 달라진다. 한 번 정한 목적지가 영원히 고정 불변일 수는 없다. 그러나 목적지가 없다면 길을 나서지 못한다. 목적을 지니되 목적에 휘둘려서는 안 된다.

"나는 어떻게 살아야 하는가?" 인류의 위대한 스승 소크라테스는 이같이 질문했다. 이는 물론 우리 자신에게 던진 질문이다. 이 질문에 대한 답을 구하기 위해서 우리는 많은 지혜로운 사람들을 찾아다닐 수 있다. 그러나 최종적인 답은 자신에게서 나와야 한다. 다른 사람이 이렇게 살라, 저렇게 살라고 들려주는 말에 감사할 수는 있다. 하지만 결국 그것을 실천하느냐 마느냐 하는 것은 자신의 몫이다. 어떻게 살 것인지 정하기 위해서 많은 고민을 해야 한다. "나는 어떻게 살 것인가?" 이 한마디 질문이 서양 철학의 근간을 이루었다. 윤리학은 이 칼

끝 같은 질문에서 시작되었다.

"어떻게 살아야 가치 있는 삶인가?"라는 질문에 소크라테스는 자신의 삶에 대해서 성찰할 수 있어야 한다고 말한다. 연이어 그는 플라톤이 정리한 《소크라테스의 변명》에 다음과 같은 잠언을 남겼다. "성찰하지 않는 삶은 살 가치가 없다."[3]

어제 한 일을 생각 없이 반복한다면 성찰이 없는 삶을 사는 것이다. 성찰한다는 것은 질문을 던지는 행위다. 나는 누구인가, 왜 이 일을 하는가, 나는 어떻게 살아야 하는가. 스스로에게 이런 화두를 던지며 삶의 의미를 탐색하는 것이 성찰이다. 가치 있는 삶은 성찰하는 삶이다. 성찰하는 이는 객관적인 잣대나 산출된 숫자로 자신과 타인의 인생을 비교하지 않는다. 그런 사람은 가치를 위해 돈을 벌지만 가치를 위해 돈을 멀리할 줄도 안다.

줄을 감을 것인가, 풀 것인가

명품 바이올린을 보관할 때는 온도와 습도를 잘 맞추어야 한다. 그러나 그보다 더 중요한 것은 줄을 풀어놓아야 한다는 점이다. 줄을 감아놓은 채로 보관하면 다음 연주 때 음이 맞지 않는다. 줄이 팽팽한 상태에서 장기간 보관하면 브리지가 휘거나 앞판이 주저앉게 된다.

당신은 줄을 풀고 있는가, 아니면 계속 감고 있는가. 분주한 발걸음을 멈추고 소크라테스의 질문을 던져보라. '나는 누구인가?' '나는 어떻게 살아가야 하는가?' 당장 해답이 보이지 않아도 좌절하지 말라. 질문을 한다는 것 자체가 삶에 활력을 불어넣기 위해서 줄을 푸는 것이다. 줄을 풀고 난 뒤에는 당기는 순간이 있고, 그 활기찬 힘 속에 삶의 가치가 있다.

나의 현재 위치를 파악할 수 있는 가장 좋은 방법은, 현 시점에서 하던 일을 다 그만두었을 때 내 손에 무엇이 남는지 질문해보는 것이다. 직장을 그만두고 직함이 없어지면 무엇이 남으며 어떤 상태가 될까. 현장에서 한발 비켜나면 자신의 위치가 더욱 잘 보인다. 또는 잠시 일상을 접고 여행을 떠나는 것도 좋은 방법이다. 위치를 제대로 파악했다면 방향을 정하고 속도를 낸다.

지금이라도 자신의 줄을 풀고 위치를 파악하자. 그러고서 세상을 바라보자. 그때 소크라테스는 당신의 가장 좋은 친구가 될 것이다.

● **생각해볼 문제**

1 인생에서 가장 중요한 것 3가지는 무엇인가?

2 내가 부자가 될 수 있는 가장 좋은 방법은 무엇인가?

3 지금의 부와 지위를 모두 내려놓았을 때
     손에 남는 것은 무엇인가?

4 인생의 여정에서 나는 어느 지점에 서 있는가?

5 자아를 성찰하기 위해 나는 나에게
     어떤 질문을 던지고 싶은가?

05

우리는 왜 그토록
행복을 갈망하는가

행복을 수중에 넣는 유일한 방법은
행복 그 자체를 인생의 목적으로 생각하지 말고,
행복 이외의 어떤 다른 목적을 인생의 목적으로 삼는 일이다.

———————

존 스튜어트 밀

행복이란
무엇인가

아리스토텔레스는 원하는 것을 이루는 게 행복
이라고 말한다. 행복을 가늠하는 객관적인 잣대는 없다. 행복
은 주관적이다. 아리스토텔레스는 '원하는' 것과 '바라는' 것은
다르다고 지적한다. 어떤 것을 얻기 위해 나의 모든 노력을 기
울인다면 그건 진정으로 '원하는' 것이다. 가지고 싶긴 하지만
노력할 생각이 없다면 그저 '바라는' 것이다. 아리스토텔레스에
의하면, 자신이 가진 모든 힘과 노력을 기울여 원하는 것을 성
취했을 때 진정한 행복을 얻게 된다.

같은 100만 원이라 해도 복권 당첨으로 얻은 것과 아르바이
트를 해서 받은 100만 원의 의미는 다르다. 물론 일한 대가로
받은 돈이 더 스스로를 행복하게 한다. 많은 이들이 복권에 당

첨되기를 바라지만, 막상 그 행운을 얻은 사람들의 인생이 행복한 경우는 별로 없었다. 복권에 당첨된 많은 이들이 그야말로 돈을 물 쓰듯 하며 만사형통할 거라는 맹신에 빠진다. 그러면서 삶의 목적과 가치관을 상실한다. 운 좋게 생긴 돈에 만족하지 못하고 더 큰 한탕주의에 사로잡히기도 한다. 그래서 무리한 투자를 하고 그 와중에 사기를 당하거나 주식에 빠져 돈을 날린다. 억울한 마음에 만회하려다 더 큰 손해를 본다. 그 결과 이혼하거나 자살하거나 마약 중독자로 전락하는 경우도 있다. 복권 1등 당첨자들 중에는 가족에게 사실을 알리지 못하는 이들도 있다고 한다. 돈과 함께 불안이 찾아왔는데 가족들까지 마음의 지옥에 끌어들이고 싶지 않다는 것이다.

불교에서는 인생이란 고통이니 생전에 행복을 바라지 말라고 한다. 쇼펜하우어(Arthur Schopenhauer)를 비롯한 염세주의자들의 생각도 같다. 한편 공리주의자 존 스튜어트 밀(John Stuart Mill)은《자유론》에서 "사회적 효용이란 진보하는 인간의 항구적인 행복이다"[1]라고 했다. 이처럼 공리주의자들은 개인의 행복보다는 사회 전체의 행복을 중시하지만, 행복 추구를 당연한 것으로 생각한다. 당신은 어느 쪽인가?

행복을
정복하기 위하여

버트런드 러셀(Bertrand Russell)은 "행복은 마치 무르익은 과실처럼 운 좋게 저절로 입안으로 굴러 들어오지 않는다"라고 말했다. 러셀은 행복의 탐구 과정을 그린 자신의 저서에 《행복의 정복》이라는 제목을 붙였다. 이 세상은 피할 수 있는 불행, 피할 수 없는 불행, 병, 정신적 갈등, 투쟁, 가난, 그리고 악의로 가득 차 있다. 이런 세상에서 행복하게 살기를 원하는 사람은 개개인을 둘러싸고 있는 엄청나게 많은 불행의 원인들을 다룰 수 있는 방법을 찾아내야 한다고 말했다.[2] 러셀의 말대로 불행의 원인을 알고 이를 다루는 방법을 안다면 우리는 행복해질지도 모른다. 그렇다면 사람은 어떤 경우에 불행하다고 느낄까.

첫째, 이룰 수 없는 것을 원할 때 불행해진다. 어느 농부가 밭에서 일하다가 저편에서 뛰어오는 토끼 한 마리를 보았다. 토끼는 제 속도를 못 이기고 나무 밑동에 걸려 나동그라졌다. 농부는 불로소득으로 토끼를 얻게 되어 아주 흐뭇했다. 문제는 지금부터다. 다음날부터 농부는 나무 뒤에 숨어서 '또 어디서 멍청한 토끼 한 마리가 오지 않나' 하며 기다리고 또 기다린다. 누가 더 우매한가. 토끼인가, 농부인가. 《한비자(韓非子)》에 나오는 '수주대토(守株待兎)'의 우화다.

노력 없이 얻은 대가는 행복으로 이어지지 않는다. 힘과 열정을 쏟은 뒤에 열매를 맺었다면 다음에도 노력하면 얻을 수있다. 어려움을 겪는다 해도 과정 중에 얻는 깨달음이 발걸음을 더욱 힘차게 한다. 행운은 반복되지 않는다. '수주대토'의 농부는 한 번 찾아온 행운이 또 찾아올 거라 기대하며 정작 충실해야 할 농사를 등한시한다. 복권에 당첨된 사람은 돈 쓰는 재미에 생업을 다 내려놓고 막연히 생각한다. '돈이 다 떨어졌으니 또 복권이나 사볼까?' 행운은 기다린다고 찾아오지 않는다. 노력을 기울인다는 것은 목표를 성취하는 방법을 스스로 알고 있고 통제할 수 있다는 의미다. 이룰 수 없는 것을 계속 원하면 필시 불행해지고 만다.

둘째, 다른 사람하고 비교할 때 불행해진다. 사회학자인 런시만(W. G. Runciman)은 '상대적 박탈감(relative deprivation)'이라는 개념으로 현대인의 끝없는 불행의 원인을 진단했다. 상대적 박탈감이란 나와 타인을 비교하는 데에서 오는 박탈적인 심리다. 모두 가난하면 내가 가난하다는 것을 모르지만 남보다 내가 가난하다는 것을 알면 불행한 감정에 빠진다. 내 인생을 다른 사람과 비교하면 행복해질 수 없다. 가난하지 않아도 늘 가난한 기분으로 살고, 달리고 있어도 늘 뒤처지는 것 같아 불안하다.

루이스 캐럴(Lewis Carroll)의 《거울나라의 앨리스》에서 앨리스와 붉은 여왕이 달리기를 한다. 붉은 여왕의 나라에서는 주변 세계도 함께 움직이기 때문에 열심히 뛰어도 좀처럼 몸이 앞으로 나아가지 않는다. 오히려 자칫 뒤처지기 십상이다. 붉은 여왕은 말한다. "제자리에 있고 싶으면 죽기 살기로 뛰어야 해!" 그러니까 달려도 늘 제자리걸음이다. 두 배는 더 빨리 뛰지 않으면 앞으로 갈 수가 없다. 모두가 같이 뛰고 있기 때문이다. 상대적 박탈감에 사로잡혀 달리면 주변의 아름다운 풍경을 보지 못한다. 뛰어도 뛰어도 같은 자리인 것 같아 목표가 보이지 않으니 경주가 무의미하게 여겨진다.

비교는 공감의 반대말이다. 비교라는 관점에서 보면 타인은 내 행복과 불행의 원인 제공자일 뿐이다. 자기의 행복과 불행이 다른 사람의 행복과 불행의 종속변수가 된다. 그러니 절대로 행복해질 수가 없다. 남과 나를 비교하는 것은 불행해지는 가장 확실한 방법이다.

셋째, 쾌락을 탐하면 탐할수록 더 불행해진다. 아리스토텔레스는 제비 한 마리가 날아온다고 해서 하루아침에 봄이 오지 않듯, 사람도 하루아침에 또는 단기간에 행복해지는 것은 아니라고 말했다.[3] 한순간의 쾌락이 곧 행복을 의미하지는 않는다.

쾌락을 행복과 동일시할 때 인간은 불행해지는 법이니, 쾌락을 좇을수록 만족은 멀어진다. 이는 쾌락의 역설이다. 아리스토텔 레스가 말하는 행복이란 인생 전체를 걸고 추구하는 긴 가치에 있다. 모든 행복은 시선을 멀리 두고 나아가는 지속적인 과정에 있다.

쾌락을 탐할수록 행복과는 거리가 멀어진다. 더욱더 불행해 진다. 노력의 결과로 쾌락을 맛볼 수도 있지만 예기치 않게 쾌락이 찾아오기도 한다. 무상으로 얻게 된 쾌락은 강한 중독성을 띠게 되고 헤어 나올 수 없다는 점에서 문제가 심각해진다.

원숭이를 지렛대 앞으로 데리고 간다. 왼쪽 지렛대를 누르면 콩이 하나 떨어지고 오른쪽 지렛대를 누르면 아무것도 보이지 않다가 이따금씩 바나나 열 개가 떨어지도록 설정을 한다. 나무에 올라가 직접 따지도 않았는데 황금빛 바나나가 저절로 생기니 원숭이는 즐거움을 이기지 못한다. 거저 얻게 된 바나나의 유혹에 빠져 오른쪽 지렛대를 누르는 데에 집착하게 된다. 용량을 많이 써야 이전과 동일한 수준의 쾌락을 갖게 된다. 용량이 넘치면 스스로 파괴될 수도 있다.

행복과
쾌락의 차이

우리는 왜 그토록 행복을 갈망하는가. 당신이 갈망하는 것이 과연 진정한 행복인가. 사랑에 빠진 아찔했던 순간, 승리의 순간에 도취된 기쁨, 이를 행복이라 여기고 있는 것은 아닐까.

그리스 시대에 '어떻게 살아야 하는가' 하는 질문에 스토아학파는 불행해지는 건 욕망을 절제하지 못했기 때문이라며 금욕적인 생활을 제안했다. 에피쿠로스학파는 행복은 마음의 안과 밖이 흔들리지 않는 평정심을 유지할 때 가능하다고 주장한다. 그들은 고통도 불안도 없는 절대적 평온함, 아타락시아(ataraxia) 상태에 이르기를 원했다. 아리스토텔레스는 명상하며 관조하는 데에서 오는 평온함인 유다이모니아(eudaimonia)를 지고의 행복이라고 보았다.[4]

쾌락은 행복과 혼동하기 쉽다. 쾌락은 일시적이고 행복은 지속적이다. 쾌락은 떠나고 난 뒤 무료해지고 허무해지며 허탈감에 빠진다. 하여 더 큰 쾌락을 갈구하지만 소금물을 마시듯이 갈증만 점점 심해진다. 그때 쾌락은 잡힐 듯 잡히지 않는 신기루와 같다. 사람들은 쾌락을 행복으로 착각하면서 계속 쾌락을 쫓아다닌다. 그리고 붉은 여왕처럼 늘 제자리에서 달리기를 하면서 행복이란 없다고 되뇌며 절망에 빠진다.

자아의 집착에서
벗어나라

원하는 것을 이루었을 때 느끼는 감정을 행복이라고 하자. 과정과 결과 중 어느 쪽에서 우리는 더 행복을 느끼게 될까. 이루어낸 결과만이 행복이라면 행복의 가능성은 훨씬 줄어든다. 세상에 이루어지지 않는 꿈들이 얼마나 많은가. 사고로 손가락을 잃은 피아니스트는 다시는 행복해질 수 없을까. 훌륭한 피아니스트라는 목표를 바꾸지 않는다면 아마 불행할 것이다. 그러나 손가락이 없어도 할 수 있는 다른 목표를 찾는다면 행복해질 수 있다.

과정과 결과, 모두에 행복은 존재한다. 어떤 일을 즐기며 할 때도 행복하고, 그 결과로 성과를 거두었을 때도 행복하다. 인간은 죽을 때까지 성장하는 존재이며 수많은 과정들을 통해 성숙한다. 이것이 바로 아리스토텔레스가 말한 자아실현이다. 아리스토텔레스는 행복이란 "인간의 삶 전체를 통해서 축적한 고결한 업적의 총 집합체"라고 정의했다. 그리고 "인간은 행복을 위해서 살아가는데, 가장 행복한 상태는 자아가 실현될 때이다"[5]라고 말했다. 자아가 실현될 때란 자기가 가진 모든 잠재력이 최고로 실현됐을 때를 가리킨다. 그는 자아가 잠재적 가능성을 실현하는 과정이 인간의 삶이라고 말하며 인간은 그 과정에서 행복해질 수 있다고 했다.

공리주의가 말하는 행복은 '너'와 '나'의 구분이 없는 상태이다. '너의 불행이 나의 행복'이 될 때 제로섬 게임이 된다. 진정한 행복은 자아의 집착에서 벗어났을 때 이루어진다는 것이다. 그러니 자아를 크게 가져야 한다. 그러면 행복이 온다.

자아를 작게 갖는다는 것은 현재 느끼고 있는 욕망 하나하나를 곧 자아의 전부로 착각하는 것이다. 그렇게 되면 늘 타인과 자신을 비교하며 상대적 박탈감 속에 빠져들게 된다. 반면 자아가 커지면 작은 일에 일희일비하며 불행에 쉽게 빠지는 일이 없다.

풍랑에도 범선이 흔들리지 않듯, 자아를 키울수록 우리는 행복해질 수 있다.

● 생각해볼 문제

1   내가 생각하는 행복이란 무엇인가?

2   행복의 근본적인 요소 5가지는 무엇이라 생각하는가?

3   행복과 쾌락의 차이는 무엇인가?

06

어떻게 하면
후회 없는 삶을 살 수 있을까

어제와 같은 삶을 살면서 다른 미래를 기대하는 것은
정신병 초기 증세다.

───────────

앨버트 아인슈타인

인생은
어떻게 사는 것인가

　죽음을 눈앞에 둔 사람들은 지나온 생을 돌아
보며 어떤 말을 할까. 어느 호스피스 전문가가 수많은 말기 암
환자들을 지켜봤더니 그들이 죽음이 임박하여 가장 많이 하
는 말은 "사랑하는 사람에게 고맙다는 말을 더 많이 했더라면"
"진짜 하고 싶은 일을 했더라면" "죽도록 일만 하지 않았더라
면" 하는 후회였다고 한다. 생의 마지막 순간에 많은 사람들이
이처럼 회한에 빠진다.

　"친구들에게 전해주시오. 나는 좋은 삶을 살다가 간다고 말
이오." 철학자 비트겐슈타인(Ludwig Wittgenstein)이 죽기 전 제
자에게 남긴 말이다. 그에게는 후회가 없었나 보다. 끝이 좋아
야 좋은 인생이라고 하지 않는가. 평생 최선을 다해 완주하고

후회 없이 세상을 떠날 수 있는 삶, '나는 좋은 삶을 살다 간다'라고 말할 수 있는 삶. 어떻게 하면 그렇게 살 수 있을까.

제자 두 명이 스승을 찾아와 물었다. "선생님, 인생은 어떻게 사는 건가요?" 스승은 대답 대신 그들을 과수원으로 데려간다. "이 과수원에는 맛있는 사과들이 많이 있다. 그 가운데 가장 마음에 드는 사과를 하나 따오너라. 조건이 하나 있다. 절대 길을 되돌아가서는 안 된다." 이렇게 말하고 스승은 과수원 후문에 가서 제자들을 기다린다.

잠시 후 두 사람이 나온다. 한 제자에게 스승이 묻는다. "너는 어떤 사과를 땄느냐?" "네. 들어오자마자 맛있는 사과를 보았는데 바로 따려다가 더 좋은 사과가 좀 더 있을 것 같아서 안 따고 그냥 지나쳤습니다. 그런데 후문에 다 오도록 볼 수가 없었습니다. 그래서 황급히 이것을 땄습니다. 한 번만 돌아가게 해주십시오." 이번엔 다른 제자에게 묻는다. "너는 어떤 사과를 땄느냐?" "저는 들어오자마자 좋은 사과가 보이기에 바로 땄습니다. 그런데 오다 보니 이보다 더 맛있어 보이는 사과가 많이 보였습니다. 선생님, 꼭 한 번만 돌아가게 해주십시오."

두 제자의 이야기를 들은 스승이 말한다. "그게 바로 인생이다. 인생은 되돌아갈 수도, 다시 시작할 수도 없는 법. 한 번 지나면 끝이니라."[1]

인생은 한 번뿐이고 시간은 되돌릴 수 없다. 지난날로 돌아가고 싶다면 그건 삶을 후회하고 있다는 뜻이다. 누구나 후회한다. 모두 다 아쉽거나 부끄럽거나 미안한 인생의 어느 사건들을 품고 산다. 남부러울 것 없이 행복해 보이는 사람도 남모르는 허전한 가슴을 끌어안고 산다. 사람은 불완전한 존재이고 삶은 아이러니의 연속이다. 우리는 사무치게 후회를 한 뒤야 비로소 후회 없는 삶을 살아갈 수 있다.

후회란 나 자신을 거부하는 것

후회에는 세 단계가 있다. 첫째, 어떤 행동을 한다. 둘째, 그 행동의 결과가 마음에 들지 않는다. 셋째, 자책한다. 두 번째 단계에서 멈춘다면 아직은 후회가 아니다. '그만 잊어버리자' 하고 극복한다면 괜찮다. 그러나 '왜 그랬을까' 되뇌며 자책한다면 후회에 빠져든 것이다. 스승이 시키는 대로 사과를 땄다. 자신이 딴 사과가 마음에 들지 않더라도 있는 그대로 받아들인다면 후회가 아니다. 그러나 '내가 왜 이걸 땄을까' 탄식하며 돌아가겠노라고, 이루어질 수도 없는 것에 매달린다면 그것은 후회다.

후회는 돌이킬 수 없는 것에 대한 집착에서 비롯한다.

오랜 세월이 지난 후 나는 어디에선가
한숨을 지으면서 이야기할 것입니다
숲속에 두 갈래 길이 있었다고
나는 사람이 적게 간 길을 택하였다고
그리고 그것 때문에 모든 것이 달라졌다고

로버트 프로스트(Robert Frost)의 시 「가지 않은 길」의 이 마지막 연은 돌아보되 후회하지 않는 성숙한 시정이 느껴진다. 누구나 옛사랑을 떠올리며 그 사람과 가지 못한 인생을 그려볼 때가 있지 않은가. 가지 않은 길을 돌아보는 감정은 호기심이나 미련에 가깝다. '돌아봄'이 지금 나의 선택을 후회한다는 의미는 아니다. 추억을 떠올리다가 종내 현재 내 삶의 소중함을 깨닫게 되니, 돌아보는 마음이란 그저 미련에 지나지 않는다. 그런데 자꾸만 뒤돌아보게 된다면, 삶이 다음 단계로 나아가지 않는다면 이 마음이 후회인지, 미련과 호기심인지 가만히 들여다볼 필요가 있다.

유학 시절, 내 지도교수 중 한 사람은 한 학기는 미국 시카고대학에서, 한 학기는 프랑스 파리대학에서 강의를 했다. 학기마다 번갈아 두 도시를 오가던 그는 미련이 많은 사람이었다. 시카고대학에 있을 때 그는 늘 파리를 그리워했다. "지금쯤 샹젤리제 거리가 기막히게 예쁜데. 역시 파리가 좋아." 하지만 파리에 가면 시카고를 그리워했다. "오늘 같은 날은 미시건 호수 경치가 일품이지. 역시 시카고가 좋아." 그러다 다시 시카고에 오면 파리가 더 나은 거 같다고 말했다. 프로스트는 「가지 않은 길」에서 미련을 종결지었지만 그는 언제나 갈림길에 서서 이편에서는 저편에, 저편에서는 이편에 시선을 두었다.

우리는 끊임없이 '여기'가 아닌 '저기'를 그리워하며 살아가는 건 아닐까. 직장인은 자유로운 프리랜서를 부러워하고, 프리랜서는 안정된 직장인을 부러워한다. 결혼한 사람은 얽매일 것 없는 싱글이 편해 보이고, 싱글은 결혼하면 외롭지 않을 것 같다고 생각한다. 이처럼 우리는 내가 걸어온 길에 안착하지 못하고 가지 못한 길을 돌아본다. 자기 선택에 대해서 끊임없이 회의하고 만족스럽지 않다며 고개를 젓는다. 후회란 결국 자신에 대한 거부다. 후회에는 자책과 자학이 동반된다.

지나온 삶을 후회하는 사람은 '차라리 태어나지 말 것을' 하는 생각까지 거슬러 올라가기 쉽다. 자신이 해왔던 일들, 지나온 자리들, 남겨진 감정들을 하나하나 곱씹으며 자책한다. '태어나지 말 것을'로 시작된 생각이 '차라리 죽는 게 낫겠다'로 이어져 극단적인 선택, 자살을 하는 사람도 있다. 인생을 되돌리는 길은 태어나지 않은 상태로 돌아가는 것뿐이라고 판단한 결과이다.

낙타인가, 사자인가,
어린아이인가

니체는 인간 정신 발달에는 세 가지 단계가 있다고 했다. 첫째, 낙타의 단계다. 낙타는 참을성이 많고 주인에게 절대 복종한다. 태양빛이 작열하는 사막에서 무거운 짐을 지워도 불평하나 없이 앞에 가는 낙타의 뒤를 따라가기만 한다. 힘이 없고 소심한 탓에 반항은 하지 않지만 마음에서 우러나오는 행동은 아니다. 사막에서 낙오된다는 건 죽음을 의미하기에 마지못해 뒤따를 뿐이다. 낙타의 마음속에는 르상티망(ressentiment), '원한 감정'이 쌓여간다. 이는 짓눌리고 쇠약한 상태로 낙타의 단계에 머물러 있다면 반드시 떨치고 일어나야만 한다.

두 번째는 사자의 단계다 사자는 혁명가다. 낙타 단계에 머물렀던 그는 비로소 "노(No)"라고 외친다. 사자는 자신의 자유와 권리가 침해당하면 주인에게도 달려들 만큼 용맹하다. 하지만 혼자라서 늘 불안하고 고독하다. 함께 어울려 목표를 추구하며 일을 하기가 어렵다. 인간은 서로 협력하는 윈-윈 시스템을 만들 줄 알았기에 만물의 영장이 될 수 있었다. 더불어 일할 줄 모르는 사람은 똑똑해 보여도 결국은 어리석은 사람이다.

마지막 세 번째 단계는 어린아이라는 의외의 존재다. 니체는 어린아이의 상태를 인간 성장의 최고점으로 보았다. 어린아이는 잘 잊어버린다. 언제나 자신이 하는 일을 즐긴다. 조금 전에 싸우던 친구와도 금방 화해하고 같이 뒹굴며 논다. 직선적이고 단순한 까닭에 감정을 쌓아놓고 곱씹지 않는다. 어린아이 같은 태도란 존재와 삶, 그리고 인생을 포함하는 모든 것에 대하여 신성하게 "예스(Yes)"라고 말하는 것이다.

니체는 지혜로운 사람은 무슨 일이든 마음에 담아놓지 않는다는 사실을 비유를 통해 이렇게 말했다. "사자도 하지 못한 일을 어떻게 아이가 할 수 있단 말인가? 강탈하는 사자가 이제는 왜 아이가 되어야만 하는가? 아이는 순진무구함이며 망각이고, 새로운 출발, 놀이, 스스로 도는 수레바퀴, 최초의 움직임이며, 성스러운 긍정이 아닌가. 그렇다. 창조라는 유희를 위해서는, 형제들이여, 성스러운 긍정이 필요하다."[2]

니체가 왜 어린아이를 인간 발달의 가장 높은 단계에 두었는지 염두에 두어야 한다. 니체는 잊으라고, 과거를 잊으라고 말한다. 우리는 발을 딛고 서 있는 현실에 순수하게 '예스'를 보내며 웃음을 지어야 한다. 그러기 위해서는 과거에서 교훈을 얻어야 한다. 과거를 잊되 지난 잘못을 반성하지 않고 실패에서 교훈을 얻지 못한 채 반복적인 삶을 산다면 그 끝은 파멸을 향할 수 있다. 미래를 위한 교훈은 얻고 돌아갈 수 없는 과거는 과거인 채로 잊어버려야 한다. 그런 뒤에 미래를 응시해야 자기 삶의 주인공이 된다. 후회 없는 삶은 성숙한 응시에서 나온다.

어떤 상황에서 후회 없이 또 그 행동을 할 것인가, 아니면 후회할 테니 하지 않을 것인가. 이처럼 지난날 나의 선택을 두고 후회가 없는지 자문할 때 니체의 '영원 회귀'는 지혜로운 시금석 역할을 한다. 어떤 상황이 영원히 반복되더라도 다시금 그 행동을 한다면 후회가 없다는 의미이다. 인식론적인 측면에서 동일한 상황이 영원히 반복된다는 것이 가능한가라는 문제가 제기될 수도 있지만, 어떤 행동에 대한 후회를 다룰 때 영원 회귀는 강렬한 메시지를 전해준다. 같은 삶을 살게 되더라도 같은 선택을 하겠다는 데에는, 후회하지 않는 삶이라는 차원에서 더 나아가 현재의 삶을 누리겠노라는 적극적인 의지가 깃들어 있다.

니체의
망치를 들고

니체는 망치를 들어 스스로를 파괴하라고 했다. 그는 내가 나로서 완성되기 위해서 쳐내야 할 잉여의 가치를 모두 제거해야 한다고 말했다. 망치로 세상의 가치를 깨어내고 나 자신만의 가치를 조각하는 것이 바로 망치의 철학이다.

우리는 니체의 망치를 들고 과거의 짐들, 부정적인 감정을 부수어야 한다. 후회는 과거에 얽매인 채 연연하면서 벗어나지 못하는 감정이다. 후회가 된다면 솔직하게 인정한다. 후회가 주는 괴로움을 받아들인다. 과거는 돌이킬 수 없지만 더 이상 후회하지 않는 삶은 선택할 수 있다. 니체의 망치를 든다는 것은 이제 현재의 삶에 충실하겠다는 결단이다.

《이솝우화》에 나오는 여우와 신포도 이야기를 알 것이다. 여우가 포도나무에 달린 포도송이를 따먹으려 했다. 그러나 아무리 뛰어올라도 입에 닿지 않았다. 여우는 "에이, 저 포도는 아직 익지 않아서 신맛이 날 거고 먹을 수 없을 거야"라며 돌아섰다. 이 이야기에서 여우는 '자기 능력이 모자라 못하는 것을, 시기 탓으로 돌리거나 스스로 합리화하는 사람'을 가리킨다. 하지만 이렇게 생각해보면 어떨까? 여우를 긍정의 마법사로 만들어보자. 가질 수 없는 것을 갖고 싶지 않은 것으로 만드는 마법, 즉 마음이 할 수 있는 마법을 부리는 것이다.

내 손에 있는 사과를 바꿀 수 없다면 '이 사과를 최고로 만들면 돼'라고 생각해보자. 그러면 마음에 반전이 일어난다. 삶을 긍정적으로 바라보게 된다. 그리고 이 긍정의 힘으로 앞으로 나아가게 된다. 첫 번째 전제인 '이미 저질러진 일'은 바꿀 수 없다. 그러나 두 번째, 세 번째 전제는 바꿀 수 있다. 나의 사과가 마음에 들지 않는 것도 사실이고, 이보다 더 좋은 사과가 있다는 것도 안다. 하지만 돌아본들 헛되다는 사실도 안다. 헛됨을 받아들이는 순간, 다른 삶을 상상할 수 있는 여유가 생긴다. 지금 내 손에 있는 사과의 맛을 떠올리며 후회를 대신해야 한다.

후회하지 않는 삶이 곧 완벽한 삶이라는 뜻은 아니다. 그러나 실수투성이 삶이라 해도 후회하지 않을 수는 있다. 니체의 처방전에는 이렇게 쓰여 있다. 어린아이처럼 살아라. 현재를 즐겨라. 카르페디엠! 당신의 손안에는 빛깔 좋은 사과가 있다.

● 생각해볼 문제

1 르상티망의 삶을 살고 있지는 않은가?
    그렇다면 그에 대한 최고의 치유책은 무엇인가?

2 후회와 반성은 어떻게 다른가?

3 '내 손에 있는 사과'는 무엇인가?
    이것을 최고의 사과로 만들고 싶다면 무엇을 하겠는가?

07

일에서 어떻게
만족을 얻을 것인가

만족을 찾아 헤매지 마라.
그보다는 항상 모든 일에서 만족을 발견하려는
마음의 자세가 중요하다.

───────

존 러스킨

돈보다
중요한 것

"모든 사람은 본성적으로 알기를 원한다." 아리
스토텔레스는 《형이상학》 제1권 첫머리에 앎을 향한 인간의 욕
구를 천명했다.[1] 우리는 다양한 감각에서 오는 즐거움을 시도
하고 느끼며 살아가는데, 이를 보면 모든 인간은 알기를 원한
다는 말을 새삼 절감하게 된다. 아리스토텔레스의 말은 막강한
힘을 지니고 있다. 인간은 교육을 통해 자신의 잠재력을 실현하
고, 단순한 작업을 완수한 뒤엔 더 어려운 작업을 성취하려고
한다. 그리고 그 작업에 의미를 부여한다.

인간의 잠재력은 일을 통해서 계발이 된다. 자기계발을 위한
최선의 방법은 현재 하고 있는 일을 잘해낼 수 있는 길을 찾아
내는 것이다. 사람들은 새벽에 영어 회화 방송을 듣고 주말에

학원에 다니며 스펙을 쌓으려고 하지만, 사실 성장은 현업을 통해서 이루어진다. 자기계발의 75퍼센트 정도는 현업을 어떻게 하느냐에 달려 있다. 이처럼 일은 우리를 성장시킨다.

감옥에서 죄수가 받는 형벌 중 가장 고통스러운 것은 단순노동의 반복이라고 한다. 벽돌 100개를 한쪽에 쌓아놓고 반대편으로 옮기라고 명령한다. 모두 옮기고 나면 다시 원위치로 돌려놓으라고 한다. 이것을 계속 반복하게 한다. 조금이라도 빨리 옮기면서 기록을 경신하는 등의 어떤 규칙을 만드는 것도 금지된다. 경쟁이나 성취감 같은 감정을 일으키거나 의미를 부여할 만한 모든 방식이 배제된다.

인간은 의지와 선택을 통해 자존감을 확인하며 기쁨을 느끼게 마련인데, 단순노동은 그 자존감의 통로를 애초에 차단하는 행위이다. 일정 시간 이상 단순노동이 반복되면 죄수들은 지루함과 모멸감에 고통을 호소한다. 가파른 산 위로 바윗돌을 굴려 올려놓기를 영원히 반복해야 하는, 시시포스가 받은 형벌은 엄청나게 큰 고통이다. 무의미는 어쩌면 가장 큰 고통일 것이다.

우리는 왜 일을 할까? 돈 때문에 일한다는 대답이 틀린 말은 아니지만 돈만 충분히 받으면 일하는 데 아무 지장이 없을까?

듀크대 경제학과 교수 댄 애리얼리(Dan Ariely)의 《경제심리학》이라는 책에는 이와 관련된 재미있는 일화가 나온다.[2]

어느 날 애리얼리 교수에게 제자가 찾아온다. 그 제자는 뉴욕의 한 투자은행에 입사해 높은 연봉을 받고 있었다. 그는 회사의 합병 건에 관계된 중요한 일을 맡아, 10주 동안 관련 프레젠테이션 자료를 만드는 데 매달렸다. 데이터를 분석하고 보고서를 작성하느라 매일 자정이 넘도록 열심히 일했다. 그런데 공들여 완성한 자료를 상사에게 제출하자 뜻밖의 말을 듣게 된다. "미안하네, 그 합병 건이 무산되었다네. 자네가 보낸 프레젠테이션 자료는 정말 잘 만들었더군. 매우 인상적이었어. 수고 많았어."

이로써 10주 동안의 노고는 아무런 쓸모가 없게 되어버리고 말았다. 이전까지는 자신이 상당히 가치 있는 인재라고 생각했고 직업에 대한 만족도도 높았는데, 이 일이 있고 난 뒤 무언가 달라졌다.

"정말 이상한 게 뭔지 아세요? 저는 열심히 일해서 훌륭한 프레젠테이션 자료를 만들어냈습니다. 그리고 제 상사는 제가 만들어낸 결과물을 보고 만족스러워했죠. 저는 분명 좋은 평가를 받아 더 많은 연봉을 받게 될 겁니다. 단순히 기능적으로만 본다면 저는 분명 행복해야 합니다. 하지만 제가 하는 일이 아무런 의미도 없는 일이라는 생각을 떨쳐버릴 수가 없어요. 또다시 제가 맡고 있는 프로젝트가 갑자기 취소되어 제 노력이 물거품이 된다면 그때는 어떻게 하죠?"

이 말끝에 제자는 애리얼리 교수에게 다음과 같은 실험을 제안한다. "헛수고만 하게 되는 일, 불필요한 일 같은 것 말입니다. 교수님께서 한번 연구를 해보시죠."

돈 때문에 일한다면 그 제자는 실망할 필요가 없었다. 프레젠테이션 자료를 만드는 동안 월급을 다 받았을 뿐 아니라 상사의 칭찬도 받았으니, 그것이 반영돼 더 높은 연봉을 받을지도 모른다. 그러나 우리가 일을 하는 이유가 돈 때문만은 아니다. 우리는 자기 삶에 의미를 부여하기 위해서 일한다.

애리얼리 교수는 제자의 일화를 숙고하여 일의 동기와 결과에 관한 놀라운 성찰을 이끌어냈다. 기업이 직원의 생산성을 높이고자 한다면 일을 통해 의미를 찾을 수 있도록 동기부여를 해야 한다고 보았다. 단순히 경영진의 입장에서 비전을 제시할 것이 아니라 직원들이 스스로 이루어낸 성과에서 성취감을 얻고 적절한 보상을 받게 해야 한다고 그는 말했다.

어떤 목표를 이루고자 하는 욕구는 인간의 본성에 내재되어 있다. 그 과정에서 발견한 의미와 성취감이 바로 일을 하게 만드는 원동력이다. 등산은 시종일관 육체적으로 고통스러운 일이다. 그러나 산악인들에게 산 정상에서 세상을 바라보는 일은 엄청난 희열과 성취감을 준다. 오직 그 순간에서만 발견되는 의미로 인해 산악인들은 거친 산을 오른다. 일도 마찬가지다.

일, 취미,
전인적 인간

심리학자 조지 에인슬리(George Ainslie)는 소비와 노동에 대한 흥미로운 이론을 제시했다. 노동이 뭔가를 하고 돈을 받는 것이라면 소비는 뭔가를 위해 돈을 지불하는 것이다. 노동과 소비는 반대 개념이다. 그렇다면 이 둘에서 쾌락과 고통은 어떤 관계가 있을까?

노동과 소비는 쾌락과 고통을 느끼는 시점이 각기 다르다. 소비는 하는 동안에는 쾌락이 정점에 이르지만 시간이 지날수록 쾌락은 줄어들고 심한 경우 고통이 수반되는데, 그 고통은 점점 커진다. 신상 명품 가방을 처음 샀을 때의 기쁨이 1년, 5년이 지나도 동일할까. 명품 중독이란 줄어든 쾌락의 여백을 채우기 위해 또 다른 소비를 반복해나가는 행위일 것이다.

반면에 노동은 고통이 먼저 따른다. 그리고 일을 끝낸 뒤에 돈과 성취감이 찾아오기에 쾌락은 나중에 찾아온다. 시간이 흐르면서 일이 숙련되어 고통의 양은 줄어들고 쾌락은 늘어난다.

일을 하면 쾌락이 온다. 그렇다면 인간은 즐거움과 만족감을 위해 일을 한다고도 할 수 있다. 그럼 일과 취미는 어떻게 다를까? 취미생활을 할 때에도 충분히 성취감을 느끼고 즐겁지 않은가? 아주 세속적으로 취미와 일을 구분하는 방식이 있다. 그 일을 했을 때 남이 나에게 돈을 지불하느냐의 여부가 기준이 된다. 온전히 자기만족을 위해서 하는 것은 취미이고, 남을 이롭게 하는 경제활동은 일이다.

어떤 사람이 있다. 그의 꿈은 전원주택을 짓고 자연과 더불어 살아가는 것이고, 그 돈을 마련하기 위해서 일을 하고 있다. 그에게는 지금 하는 일 자체가 목적이 아니라 돈을 벌어 집을 짓기 위한 수단에 불과하다.

또 이런 사람이 있다. 그는 시각장애인들에게 책을 마음껏 읽게 해주기 위해 프로그램을 개발하고 있다. 이런 경우는 꿈과 일이 바로 연결되어 있다.

이런 사람도 있다. 그는 자전거 수리를 하는 기술자다. 톱니바퀴나 기어를 세밀하게 만져서 딱 들어맞게 고칠 때 희열과 성취감을 느낀다. 원래 자전거 수리가 취미인데, 그 일로 돈까지 벌고 있으니 금상첨화다. 이 경우 취미가 일이 되고 돈과도 연결되었다.

분명한 것은, 일은 돈과 연결되지만 단순한 취미는 돈과 연결되지 않는다는 사실이다. 어떤 행위를 함으로써 자아실현을 함과 동시에 사회에 이바지할 수 있는 것, 그것이 바로 일이다.

그러나 칼 마르크스(Karl Marx)는 자본주의 체제 하에서는 일을 통해 자아실현을 할 수 없다고 말했다. 노동의 결과물은 노동자 자신이 아닌 자본가에게 속하고, 노동자는 그것에서 소외된다. 바로 마르크스가 말한 '노동의 소외'다.[3] 자본가가 지시하는 것만 따르면서 억지로 일하는 고통 끝에 얻어낸 보상이 급여다.

찰리 채플린(Charlie Chaplin)의 영화 〈모던 타임스〉(1936)에 등장하는 노동자는 온종일 공장 컨베이어 벨트에서 나사못 조이는 일을 한다. 그러다가 보이는 것은 모조리 조이려 드는 강박 증상에 빠지는데, 이것은 자본주의에 지배받는 노동자의 모습을 상징한다.

마르크스와 엥겔스는 분업의 철폐를 주장했다. 사회적·기술적 분업이 노동 소외나 계급적 대립과 같은 문제들을 낳는다고 보았다. 이들은 분업이 철폐된 공산주의 사회의 모습을 이렇게 묘사했다. 아무도 하나의 배타적 영역을 갖지 않으며 각자 그가 원하는 분야에서 스스로를 도야시킬 수 있는 공산주의 사회에서는 사회가 전반적인 생산을 조절한다. 그렇기 때문에 사냥꾼, 어부, 양치기, 혹은 비판가가 되지 않고서도 내가 마음먹은 대로 오늘은 이것을, 내일은 저것을, 즉 아침에는 사냥을, 오후에는 낚시를, 저녁에는 목축을, 밤에는 비판을 할 수 있게 된다.[4]

마르크스와 엥겔스는 이를 '전인적 인간'이라고 했다. 분업이 철폐된 공동체 속에서 개인은 물질적 힘을 자유롭게 통제하고 이용할 수 있기 때문에 인격적 자유를 누리면서 자신의 소질을 전면적으로 발휘할 수 있다는 것이다. 그것이 왜곡되지 않은 형태의 '일'이라고 했다.

전인적 인간이 살아가는 사회는 지나치게 이상주의적이다. 한 사람이 생산의 모든 것을 담당한다면 숙련도가 떨어져 시장의 교환 가치에 맞는 물건을 제공할 수가 없다. 또한 우리는 마르크스가 그린 목가적인 사회가 아닌 도시화된 현대사회에 살아가고 있다.

주인과 노예의
변증법

전쟁 포로를 모두 처형했던 시절이 있었다. 나중에는 죽이지 않고 포로로 살려 노예로 삼는 것이 노동력을 확보하는 데에 더 낫다는 것을 깨닫게 되었다. 노예는 주인의 명령에 따라 노동을 제공하고 그 대가로 생명을 얻었다.

노예는 주인을 보면 허리를 굽혀 인사하고 그가 내리는 명령을 착실하게 수행한다. 이처럼 주인은 노예의 인정을 통해 주인으로서의 자의식을 확립한다. 그런데 노예가 주인을 인정하지 않으면 주인이 주인으로서 존재할 수 없다. 노예는 주인이 휘두르는 힘이 무서워서 주인에게 형식적으로 복종하게 될지도 모른다.

이에 주인은 고뇌하게 된다. 노예에게 진정한 인정과 존경을 받고 싶기 때문이다. 물론 노예 역시 주인의 자비심 없이는 생명을 부지할 도리가 없다. 그래서 주인은 노예의 노예가 되고 노예는 주인의 주인이 된다. 이것이 독일 철학자 헤겔(Georg Wilhelm Friedrich Hegel)이 말하는 '주인과 노예의 변증법'이다.[5]

어느 퇴역 장성이 있었다. 늘 운전기사를 대동하고 다녔던 그는 퇴직하자 외출에 큰 어려움을 겪게 되었다. 대중교통을 이용해본 적이 없어 약속 장소에 가다 보면 길을 잃기 일쑤였다. 어느 날 집 밖을 나선 그는 택시를 타려고 손을 들었다. 그런데 택시마저도 탈 수 없었다. 택시 문을 누가 열어주길 자기도 모르게 기다렸던 것이다. 노예의 노예가 된 극단적인 상황을 잘 묘사한 장면이다. 헤겔은 노동이 사회 형성의 원리일 뿐 아니라 인간의 본질이라고 보았다.

스스로 일을 하는 이유를 물어라

소금 장수와 당나귀 이야기를 잘 알 것이다. 당나귀가 실수로 물에 빠졌는데 등에 졌던 소금 자루가 가벼워진 것을 알아차리고는 얕은꾀를 부려 다음에는 일부러 물에 빠졌고, 이를 눈치챈 소금 장수가 소금 대신 솜을 넣자 물에 젖은 솜이 훨씬 무거워진 탓에 당나귀는 전보다 더 힘들어졌다는 얘기 말이다.

당나귀는 시정해야 마땅한 어리석은 행동을 했다. 재발 방지를 위해 주인은 솜을 넣는 것 말고 어떤 조치를 취할 수 있을까? 당나귀를 호되게 매질하거나 팔아버린다면 이는 당나귀한테 책임을 전가하는 것일 뿐 성숙한 모습은 아니다. 주인은 당나귀에게 짐을 옮기는 일의 의미가 무엇인지, 얼마나 중요한 일인지를 가르쳐주어야 한다. 자기 일의 의미와 중요성을 모르는 당나귀는 당장 등에 실린 짐이 무거워 떨치고 싶은 마음뿐이었을 테니까.

마르크스의 전인적 사회는 지나친 이상주의라는 한계가 있지만, 그는 자기가 한 일에서 의미를 찾고 보람을 느끼는 사회를 제시하고 싶었던 게 아닐까 생각한다. 삶의 의미가 무엇인지 질문하며 살아갈 때 비로소 우리는 삶에서 노예가 아닌 주인으로 살아갈 수 있다. 일을 할 때는 그 의미와 중요성을 알아야 한다. 그것을 모르고서는 일을 통해 성장할 수도 없고, 즐거움을 얻을 수도 없다.

어떻게 일을 통해 만족을 얻을 것인가? 이 질문에 답을 얻기 위해서는 일을 하는 이유를 자문해야 한다. 니체는 말했다. "자신이 왜 사는지, 그 이유를 아는 사람은 어떤 어려움과 고통도 극복할 수 있다"고 말이다.

● 생각해볼 문제

1 나에게 일은 어떤 의미인가?

2 삶의 의미는 만드는 것인가, 찾는 것인가?

3 주인이 '노예의 노예'가 되는 이유는 무엇인가?

4 내가 현재의 업을 수행하는 이유는 무엇인가?

08

정의는 누구를 위한 것인가

정의란 사람마다 그가 받을 만큼을 취하는 일이지,
개인이 타고난 불가 양도의 권리 실현을
무조건 주장하는 일은 아니다.

———————

에리히 프롬

다른 카테고리는
다르게 대한다

플라톤은 정의란 자신의 몫을 각자 가져가는 것
이라고 했다. 열심히 일한 사람은 일한 만큼 가져가고, 그러지
않은 사람은 덜 가져가는 것이 정의라고 보았다. 그런데 플라
톤의 정의 개념은 오늘날의 일반적 관점과는 다르다. 플라톤은
계급에 주어진 특권을 정의라고 보았는데, 지금은 특권이 없는
상태를 정의라 한다. 우리는 개인 사이에 통용되는 정의를 평등
으로 이해하는 반면, 플라톤은 정의를 개인 사이의 관계가 아
닌, 계급 사이의 관계에 근거한 전체 국가의 최고 덕목으로 간
주하였다. 플라톤에 의하면 국가가 건강하고, 강하고, 통합되어
안정되었다면 그 국가는 정의롭다.

철두철미한 불평등주의자였던 플라톤은 스승 소크라테스가

처형된 이후, 민주주의에 대해 극도로 비판적인 시각을 가지게 되었다. 그는 철인의 국가 통치 이론을 내세우며 인간을 철인왕과 전사 계급, 노동자라는 세 개의 계급으로 구분하였다. 그리고 그 사회의 계층에 속하는 개인들은 자신의 임무를 다하고 그에 상응하는 보상을 받는 것이 정의로운 사회의 이상이라고 주장했다.

아리스토텔레스는 평등한 사람은 평등하게 대해주고, 불평등한 사람은 불평등하게 대해주는 것이 정의라고 말한다.[1] 그에게 정의란 사람들이 마땅히 받아야 할 것을 주는 것이었다.

누가 평등한 사람이고 누가 불평등한 사람인지 판단하기 위해서는 이에 따르는 기준이 중요하다. 셰익스피어의 《오셀로》를 영화로 만든다고 가정하자. 주인공 오셀로 역을 뽑는 오디션이 열린다. 지원한 사람 중에는 백인도 있고 흑인도 있는데 백인 배우들은 모두 탈락한다. 이 결과는 인종차별이 아니다. 오셀로는 원래 무어인, 흑인이기 때문이다. 흑인 주인공은 작품을 위해 처음부터 전제된 조건이었다.

만약 워터파크에 입장하기 위해 줄을 서 있는데 백인들을 먼저 들여보내고 흑인들을 대기하게 했다면 이는 정의롭지 않은 것이다. 수영이나 물놀이는 피부색과 아무 관계가 없기 때문이다.

아리스토텔레스는 일괄적으로 평등하거나 불평등하게 대하는 것이 아니라, 평등한 사람은 평등하게 대하고 다른 사람들은 다르게 대우하는 것이 정의라고 말한다. 카테고리가 다를 때는 다르게 적용해야 한다는 의미다.

정의는 과연
모두를 위한 것일까

정의는 누구를 위한 것인가? 이 질문에 가장 이상적인 대답은 '모두를 위한 것'일 것이다.

어느 날 대궐 정문 앞에 왕자가 말을 타고 나타나 소리친다. "문을 열어라." 보초병은 왕자를 세우며 말한다. "무기를 내려놓으십시오." "무엄하다. 내가 누군지 아느냐?" 서슬 퍼런 엄포를 내렸음에도 보초병은 답한다. "예, 압니다. 왕자님이시옵니다. 하오나 누구든지 임금님을 만날 때는 무기를 지닐 수 없습니다. 내려놓으시지요." "나를 알아보고도 감히 막는 것이냐. 당장 문을 열지 못할까!"

왕을 알현할 때는 무기를 허용하지 않는 것이 법도인데 왕자는 안하무인이다. 왕자를 막을 수 없었던 보초병은 왕자를 태운 말의 목을 베어버린다. 하지만 때는 '짐이 곧 국가'인 절대왕정의 시대가 아닌가. 자초지종을 알게 된 왕은 오히려 왕자를 두둔하고 보초병을 엄벌에 처한다. 《한비자》에 나오는 이 이야기는 '정의는 모두를 위한 것'이라는 명제에 의문을 제기하게 한다. 정의가 과연 모두를 위한 것이라고 할 수 있을까?

플라톤의 대화편 《국가》에서 트라시마코스는 '정의란 강자의 이익'이라고 말한다.[2] 강자는 게임의 법칙을 만든다. 약자를 자신의 통치에 복종시키기 위한 수단으로 정의를 사용한다. 지배 계급은 자신에게 유리한 쪽으로 법률을 만든다. 의로운 사람은 언제나 손해를 보며 남에게 좋은 일만을 하는 반면, 불의한 사람은 자신의 이익을 추구한다는 점에서 더 많은 것을 얻고 행복한 삶을 살아간다고 주장했다.

트라시마코스의 말에 소크라테스는 반문한다. 소크라테스는 정의란 특정한 강자나 약자를 위한 것이 아닌 보편적인 덕목이라고 말한다. "트라시마코스여, 선장은 자신의 이익이 아니라 선원들의 이익을 염두에 두면서 지시한다오. 진정한 의미의 통치자 역시 자신의 이익만을 앞세우지 않소. 국민들의 이익을 염두에 두고 지시하는 사람이 통치자요."[3]

미국에서 일어난 일이다. 5년간 지속적으로 적자를 본 사람에게 세금 전액을 면제해준다는 조항이 포함된 법안이 통과를 앞두고 있었다. 철저하게 준비된 내용이었기에 누구도 그 조항을 의심하지 않았는데 어느 기자가 법안의 절차 과정을 추적했다. 그 결과, 조항에 해당하는 사람은 당대의 거부 헌터뿐이라는 사실이 드러났다. 헌터가 운영하는 투자 회사는 5년간 투자 실패를 거듭하고 있었다. 그는 세금을 면제받기 위해 로비를 벌여왔고 이로써 법안이 상정될 수 있었던 것이다.

이처럼 법과 제도가 강자의 이익을 지켜준 셈이니 현실에서 '정의는 강자의 이익'이라는 말은 맞는 것처럼 보인다. 강자들은 법과 제도를 잘 안다. 법을 이용하여 자신의 이익을 지키려 한다. 그러나 세간의 시선을 의식하지 못할 정도로 이익에 골몰할 경우 그 의도가 드러나고 끝내 무너지고 만다.

강자가 살아가는 법, 라이온스 셰어

미국 의회에서 열리는 공청회에 들어가려면 선착순으로 배부되는 방청권을 받아야 한다. 공청회장 앞은 언제나 만원이다.

중요한 공청회는 행렬의 끝이 보이지 않을 정도이다. 사람들은 아침에 시작되는 공청회에 들어가려고 전날부터 줄을 서 밤을 꼬박 새운다. 기업의 로비스트들은 입법자들과 대화를 나누며 자신들의 사업에 영향을 미칠 만한 법안을 얻어내기 위해 공청회에 반드시 참석하려고 한다. 그러나 줄을 서기는 싫었던 그들은 수천 달러를 지불하며 줄 설 사람을 고용했다. 어느새 줄 서기 전문 업체까지 성업 중인데, 그만 한 돈을 지불할 여유가 없는 시민단체 사람들은 결국 자리를 확보하지 못한다.

마이클 샌델(Michael Sandel) 교수는 이를 가리켜 새치기 권리 구매 현상이라고 한다.[4] 이런 경우, 줄 서기는 과연 정의로운 것인가? 돈 있고 권력 있는 사람들만 이익을 취하게 되니 결코 공평하지 못하다. 줄 서기는 모든 이에게 공평한 조건 같지만, 현실에서는 이마저도 강자에게 유리하게 설정되어 있다.

어느 날 사자와 당나귀, 여우가 같이 사냥에 나선다. 당나귀와 여우가 먹잇감을 유인하고, 숨어 있던 사자가 나타나 일격을 가한다. 먹이를 앞에 놓고 사자가 당나귀한테 묻는다. "이걸 우리가 어떻게 나눠 먹으면 좋을까?" 당나귀는 셋이 힘을 합쳐서 잡았으니까 세 개로 나누어 먹자고 천진하게 말한다. 대답을 들은 사자는 당나귀를 죽인다. 그런 다음 여우에게 같은 질문을 던진다. 여우는 뒷다리 하나면 충분하니 나머지는 사자의 몫이라고 한다. 사자는 큰 소리로 웃는다. "너 참 똑똑하구나. 그런 건 언제 배웠니?" 여우가 대답한다. "조금 전에."

이것은 《이솝우화》에 나오는 '라이온스 셰어(Lion's Share)'에 피소드다.[5] 기업은 이미지가 매출과 직결되므로 평소에는 이미지 관리를 위해서 고객과의 계약관계에 책임을 다하지만, 매출이 급감하는 등 위기 상황에서는 고객에게 그 부담을 떠넘긴다. 강자가 살아가는 법, 이것이 바로 라이온스 셰어다.

정의가 무너지면
모두가 패배한다

니체는 '정의는 강자를 위한 것'이며, 약자로부터 강자를 보호해야 한다고 주장했다. 그는 노예근성을 지닌 우리 안의 모습을 공격한다. 그런 모습은 남에게 동정 따위나 구걸하여 강자들을 유약하게 만드는 암적 요소라고 생각했다. 니체가 생각하는 강자는 자신의 노예근성, 거지근성, 나약함을 극복하는 강한 의지가 있는 사람이다. 약자들을 배려하고 동정할 것이 아니라 강자에게 보상을 주어야 한다는 것이 니체의 주장이다.

한쪽만을 위한 정의라면 정의가 무너졌을 때 다른 한쪽은

반사 이익을 얻게 되리라고 생각할 수도 있다. 그러나 그렇지 않다. 정의가 바로 서야 강자도 약자도 모두 이익을 얻는다. 하지만 현실에서는 정의가 강자의 편으로 비치기 쉽고 실제로 그렇게 흘러가기도 한다. 이를 바로잡기 위해서는 집행 또한 정의로워야 한다.

오나라의 왕 합려(闔閭)가 《손자병법》을 완독한 뒤 손자(孫子)(손무(孫武))를 만났다. 왕은 손자에게 직접 군대를 지휘해보라며 엉뚱하게도 궁녀 180명을 불러들였다. 손자는 궁녀들을 좌우 진영으로 나누고 왕이 총애하는 두 궁녀를 대장으로 삼은 후 훈련을 했다.

그러나 궁녀들은 놀이를 하는 듯 희희낙락하며 움직이려 들지 않았다. 손자는 대장을 맡은 궁녀들을 참수하겠다고 명한다. 왕은 두 궁녀 없이는 음식을 먹어도 진미를 모른다며 만류했으나 손자는 장수가 군진(軍陣) 안에 있을 때는 군주의 명령이라도 받아들이지 않는 법이라며 명을 거두지 않았다. 이에 두 궁녀는 목숨을 잃고 손자는 다음으로 총애를 받는 두 궁녀를 대장으로 임명한 뒤에 군령을 내렸다. 이제 궁녀들은 숨소리조차 내지 않은 채 제식훈련에 열중했다. 손자는 정의를 이렇게 말한다. "법 위에 사람 없고 법 아래 사람 없이 모두 평등해야 한다."[6]

　우리나라의 기업들은 뇌물 수수를 금한다. 자칫 회사 이미지
에 큰 흠이 생길 수 있기 때문이다. 그러나 뇌물을 주는 것에
대해서는 회사를 위한 필요악이라며 말꼬리를 흐린다. 이처럼
같은 뇌물이지만 줄 때와 받을 때의 기준이 다르게 적용된다.
뇌물은 정의를 훼손한다. 외부인에게 뇌물을 많이 주는 조직은
내부에서도 뇌물이 많이 오간다. 일부가 썩기 시작하여 전체가
썩는다. 먹이사슬의 꼭대기가 부패하면 전체가 부패한다. 국가
의 최고 권력층이 부패하면 온 나라가 부패한다.

　정의란 강자와 약자 모두를 위한 것이어야 한다. 정의가 무너
지면 사회의 모든 구성원이 패배자가 된다. 약자의 이익을 무시
하면 그 집단의 생산성과 효율성이 떨어진다. 나아가 사회 구성
원 모두의 이익이 줄어들고 만다. 강자가 자신의 이익만을 위한
정의를 주장하면 이는 결국 스스로의 이익을 망친다. 특정인을
위한 정의가 아닌 모두를 위한 정의일 때 사회에 이익과 행복
이 찾아온다.

1   자유와 평등이 균형을 이루는 좋은 방법은 무엇인가?

2   롯데월드 매직패스나 비즈니스 좌석을 구입하여
       먼저 입장하는 것은 정당한 새치기인가, 그렇지 않은가?
       새치기가 정당한 경우가 있다면 어떤 경우일까?

3   '강자를 보호하라'는 니체의 말에 동의하는가?
       동의한다면 이를 실천하는 방법에는 어떤 것이 있을까?

09

피자를 나누는
가장 정의로운 방법은 무엇인가

행복은 입맞춤과 같다.
행복을 얻기 위해서는 누군가에게 행복을 주어야만 한다.

―――――――

디어도어 루빈

갈등의 씨앗,
분배

아리스토텔레스는 '인간은 정치적 동물'이라고 했다. 인간은 본성상 사회를 구성하며 살아갈 수밖에 없다. 로빈슨 크루소가 가장 그리워한 것도 바로 사회였다. 사회 구성원들은 각자 역할을 나누어 협동하며 부가가치를 창출한다. 그 부가가치를 어떻게 분배하느냐에 따라 전쟁을 치르고 태평성대를 누렸다. 지속적으로 협동하기 위해서는 결과물이 정의롭게 분배되어야 한다.

2014년 9월 18일, 잉글랜드로부터의 분리 독립 여부를 묻는 주민투표가 스코틀랜드에서 실시되었다. 기실 스코틀랜드와 잉글랜드의 해묵은 갈등은 분배 문제에서 비롯된 것이었다. 일찍이 1000년 전부터 켈트족이 거주하던 섬에 앵글로색슨족이 침입했고, 이후 기나긴 피의 전쟁이 지속되었다. 그러다 후손이 없던 엘리자베스 1세가 죽기 전 스코틀랜드 국왕인 제임스 6세를 왕위 계승자로 지목한다. 제임스 6세가 잉글랜드로 건너가 제임스 1세로 잉글랜드 왕위에 즉위하면서 두 나라는 연합국가 형태를 이루어 표면상 공존의 시대가 찾아왔다. 1707년 스코틀랜드는 잉글랜드에 완전히 합병된다.

합병 후에도 스코틀랜드는 자치법과 독자적 사법제도를 유지했다. 하지만 오랫동안 민족 감정은 지속되었는데 분배 문제로 갈등이 깊어졌다. 마거릿 대처 전 총리는 무리한 민영화 정책을 시행했는데, 이에 스코틀랜드의 기반 산업인 광산, 철강, 조선 산업이 무너지고 말았다. 노동자 5명 중 1명이 일자리를 잃었고 경제가 어려워져 스코틀랜드 주민들의 반감은 커져만 갔다.

그러던 중 1970년대에 북해유전이 발견되면서 스코틀랜드는 다시 독립의 희망을 지니게 되었다. 국민들 사이에 이 유전을 기반으로 경제적인 기틀을 다지고 새 국가를 건설하자는 목소리가 높아졌다.

마침내 2014년, 스코틀랜드 독립을 묻는 주민투표가 실시되었다. 하지만 반대 55.3퍼센트, 찬성 44.7퍼센트로 독립을 안 하는 쪽으로 결정한다. 독립 후 잉글랜드에 상환해야 할 빚만 우리 돈으로 약 40조 원에 달했다. 북해유전도 수익 하락세라 경제난에 부딪힐지도 모른다는 위기감이 독립 무산의 주요한 원인이 됐다. 하지만 스코틀랜드는 이번 주민투표를 통해 자치권 이양 약속을 받아내는 실리를 챙겼다. 독립에 대한 열망에 놀란 영국 정부는 높은 수준의 자치권을 이양하겠다고 약속할 수밖에 없었다.

이처럼 분배의 문제에 따라 사회는 뭉치기도 하고 분열되기도 한다. 그것이 우리가 발 디디고 선 사회의 실체다.

마지막 피자 조각은 누구에게

사람들과 피자를 먹다가 마지막으로 한 조각이 남았을 때, 이를 누가 먹을까 서로 눈치를 본 적이 누구나 있을 것이다. 우리나라는 전통적으로 과욕을 경계해, 남은 음식을 먹으면 살이 찐다는 둥, 식탐이 있다는 둥 부정적인 이야기를 덧붙이곤 한다.

필자가 미국에서 유학할 때 경험으로, 미국 친구들은 주로 햄버거나 샌드위치처럼 각자 먹는 음식들을 좋아했다. 그런데 피자만은 모두 둘러앉아 함께 먹었다. 당시 유일하게 배달해주는 음식이기도 해서 피자를 먹을 때만큼은 이리 오라고 서로

손짓들을 했다. 다들 맛있게 먹고 마지막에 한 조각이 남았다. 그때부터는 누구도 그 조각에 손을 대지 않았으니, 미국 문화에 비추어 봐도 역시 마지막 한 조각을 먹는 사람은 욕심쟁이로 취급되었던 것이었다.

그렇게 몇 분이 지나고 난 뒤 한 친구가 내가 오늘 아침을 안 먹었으니 남은 한 조각을 먹어도 되겠냐고 물었다. 나머지 사람들이 그러라며 고개를 끄덕였다. 그 친구는 겸연쩍은 모습으로 마지막 피자 조각을 집어 들었다. 남들보다 조금이나마 더 가져가게 된 것에 미안함을 드러내는 이 작은 예의는 개인주의가 발달한 미국에서도 이심전심으로 통하는 미덕이었다.

인간은 정의로운 세상에서 공평한 대우를 받으며 살고 싶어 한다. 한(恨)은 부당한 대우를 받은 서러움이 응축된 감정이다. 한의 핵심은 '부정의'다. 정의롭지 못한 세상에서 억눌린 채 살아가며 어디에도 풀지 못하는 약자들의 감정이 바로 한이다.[1] 현실에서 정의가 완벽하게 실현되기는 어렵지만 그렇다고 정의롭지 못한 사회에서 계속 살아갈 수도 없다. 정의로운 분배에 대한 사회적 합의를 어떻게 도출할 것인가, 이것이 언제나 핵심적인 문제이다.

미국의 철학자 존 롤스는 1958년에 '정의'에 대한 첫 논문을 발표한 이후, 평생 정의를 주제로 연구했나. 1971년에 줄간된 대표 저서 《정의론》에서 공리주의의 폐해를 지적하면서, 그릇

된 공리주의는 다수를 위해 소수의 피해를 불가피하게 여기는 것이라고 비판했다.

롤스는 공리주의의 대안으로 '정의의 두 원칙'을 내세운다. 제1원칙은 정치적 자유를 최대한으로 평등하게 분배하는 것이다. '법 앞에 만인은 평등하다'라는 주장과 기본적으로 같다. 모든 사람은 타인에게 간섭받지 않고 양심, 종교, 정치적 집회, 결사, 언론의 자유를 똑같이 향유할 수 있다.[2]

누구나 자유롭게 토론할 수 있는 학술 세미나가 열렸다. 전체 시간을 참석자 수로 나눈 것이 자유 토론에서 1인당 배정되는 시간이 될 것이다. 그러나 모든 참석자가 평균 시간에 맞춰 반드시 발언해야 한다면 그것은 이미 자유 토론이 아니다. 어떤 사람은 좀 더 많이 발언하고, 또 어떤 사람은 좀 더 많이 들으면서 균형점을 찾아갈 것이다. 누군가 처음부터 끝까지 발언을 독점하거나, 또 모두가 똑같이 발언 시간을 가져가는 것은 둘 다 자유롭지 못한 토론이다.

롤스 정의의 제2원칙은 '차등의 원칙'이다. 이 원칙에 따르면 최소 수혜자를 최우선으로 배려한다는 전제 하에서 차등 분배를 인정한다.[3] 단, 그 불평등에 접근할 수 있는 기회 자체는 평등하게 부여되어야 한다. 즉 제2원칙의 전제 조건은 기회의 균등이다.

네 사람이 모여 프로젝트 미팅을 하고 있다. 다들 수고 많다며 상사가 피자를 산다. 그런데 그 피자에는 금이 그어져 있지 않다. 한창 배가 고픈 터라 누구도 양보할 생각은 없다. 가장 정의로운 분배는 모두에게 같은 사이즈의 피자가 돌아가도록 자르는 것이다. 방법은 간단하다. 피자를 자르는 사람이 제일 마지막 조각을 먹도록 순서를 정하면 된다. 조금이라도 큰 조각을 먹고 싶어 크게 잘라 놓으면 중간에 누가 가로챌지도 모른다. 그러니 최선을 다해 똑같은 크기로 자르려고 노력할 것이다.

정의로운 분배란 언뜻 모든 사람이 평등한 몫을 갖게 되는 것이라고 생각하기 쉽다. 그러나 롤스는 평등한 분배보다 모두에게 이익이 될 수 있는 분배가 더 우월하다고 보았다.

세 명이 살아가는 집단이 있다. 첫 번째 방식에 따르면 모두가 30, 30, 30을 가진다. 평등 분배다. 두 번째는 40, 50, 60이라는 불평등한 분배다. 롤스는 두 번째 방식이 첫 번째보다 불평등하지만 더 정의로운 분배라고 보았다. 두 번째 분배에서 가장 열악한 40이 첫 번째의 30보다 더 낫기 때문이다. 세 번째는 20, 40, 100으로 분배가 이루어지는 방식이다. 롤스는 세 번째가 전체 합이 가장 크지만 정의의 관점으로 보자면 첫 번째의 평등 분배보다 못하나고 보았다. 최소 수혜자의 몫인 20이 평등 분배인 30보다 못하기 때문이다. 이것이 바로 차등 원칙, "최소 수혜자에 대해 최대한 배려하라"라는 말의 참뜻이다.

무지의 장막 뒤에 서라

최소 수혜자, 약자가 고통을 받는 조직은 지속적으로 발전할 수 없다. 사회를 구성하는 개인들이 끊임없이 협동하기 위해서는 약자를 배려해야 하고 결과물이 정의롭게 분배되어야 한다. 그런데 차등 원칙이 정의롭다는 사실을 어떻게 증명할 수 있을까.

롤스는 정의로운 사고를 하기 위해서는 자신이 누구인지 몰라야 한다고 말한다. 리더는 모두를 이끄는 사람이다. 리더는 전체의 모습을 보는 마음의 눈이 필요하다. 그러기 위해서는 자신이 누구인지 잊어버리는 무지의 장막 뒤에 서 있어야 한다.

프랑스 경영 컨설턴트 이브 모리악(Yves Morieux)은 《단순한 여섯 법칙(Six Simple Rules)》이라는 책에서 흥미로운 가정을 한다. 어느 회사에 A, B, C, D 네 개의 부서가 있다. 부서별로 어떤 일을 맡을지 회의를 하는데 서로 유리한 사업을 맡으려 해서 합의가 이루어지지 않았다. 이럴 때 리더가 쓸 수 있는 가장 현명한 방법은 이것이다. "각 부서에 일을 나누는 방식에 대해서 부서장 네 명이 합의를 해오시오. 그러면 내가 그대로 따를 텐데, 당신들 네 사람을 각각 어느 부서의 부서장으로 임명할지는 합의가 끝난 다음 내가 알아서 정하겠소."

부서장 네 사람은 어느 부서 하나 불리하게 만들 수가 없다. 그 부서에 자기가 발령이 날 수도 있기 때문이다. 모리악은 '무지의 장막'을 활용해서 '회사 내에서 정의롭게 일을 배분하는 방법'을 제시한 것이다.[4]

지속 가능한 생존을 위한 필수 조건

루소(Jean Jacques Rouseau)는 《인간 불평등 기원론》에서 사슴과 토끼를 통해 의미 있는 질문을 던진다. 당신은 산중에 거하는 어느 부족의 전사다. 전쟁터에서는 적과 용감하게 싸우고 평소에는 가장으로서 가족의 생계를 책임진다. 어느 날, 추장이 부족의 모든 사냥꾼을 모아 사슴 사냥을 나가자고 한다. 사람들은 대형을 갖추고 각자의 역할을 맡는다. 당신은 역할에 따라 저편에서 사슴을 몰아오는 몰이꾼 반대편에 매복하고 있다. 그런데 시간이 많이 지났는데도 사슴은 보이지 않는다. 이때 토끼 한 마리가 눈앞에 나타났다. 이 토끼를 잡을 것인가, 그대로 둘 것인가.[5]

세 가지 경우를 생각해보자. 첫째, 눈앞의 토끼를 잡으면 내 가족을 먹여 살릴 수는 있다. 하지만 그러는 동안 방어선이 뚫려 사슴을 잡는 데 실패할 수 있고, 그러면 다른 가족들도 먹일 수 없게 된다. 내가 내 가족의 주린 배를 채우겠다고 결정하여 사슴 잡는 대열에서 이탈해 토끼를 잡았기 때문이다.

둘째, 사슴을 기다리기로 결정했다 치자. 눈앞에서 놀던 토끼는 점점 멀어져 보이지 않는다. 하염없이 기다렸지만 사슴은 나타나지 않는다. 모두 침울하고 지친 표정으로 마을로 돌아가고 있다. 집에서 굶주린 채 기다리고 있을 처자식을 생각하니 마음이 무겁다. 그런데 이때 어느 전사 한 명의 불룩한 배낭이 보인다. 둥그런 모양새가 잡은 토끼를 넣어 가는 것처럼 보인다. 머릿속에 몇 가지 가정이 떠오른다. 그가 있는 쪽에 사슴이 나타나지 않았을 수도 있다. 아니면 그가 토끼를 잡는 바람에 포위망이 뚫려 사슴을 놓쳤을지도 모른다.

가정은 점점 복잡해진다. 모두가 사슴을 잡기로 했는데 그 사람만 자기 이익을 생각해서 토끼를 잡은 것이 아닐까? 아니, 사실은 각자 토끼를 잡아도 된다고 했는데 나 혼자만 사슴 사낭에서 벌어질 수 있는 위험 부담을 떠안고 있었던 것은 아닐까? 분명한 것은 그는 토끼를 갖고 있고 내 손에는 토끼가 없다는 사실이다.

셋째, 애초에 사슴 사냥을 나갔지만 어느새 너나 할 것 없이 토끼를 잡는 상황이 벌어졌다면 어떻게 할 것인가. 사슴은 보이지 않고 추장은 독려하지만 리더십은 이미 실종되어버렸다. 사슴은 나 혼자 잡을 수 없기에, 정도 이상의 인원이 이탈하기 시작하면 더 이상 대열에 남아 있는 것이 무의미해져버린다. 이런 일이 반복된다면 저마다 토끼를 잡으며 살 수는 있겠지만 사슴 사냥이라는 협동 작업에는 실패한다.

사람들은 왜 사회를 구성해 살아갈까. 숲속에서 혼자 사냥을 하면 큰 짐승을 잡을 수 없다. 오히려 맹수의 먹잇감이 될 위험이 크다. 둘이 함께 사냥을 간다면 사슴 같은 동물을 잡을 확률은 높아지고 맹수에게 해를 당할 확률은 조금 낮아진다. 세 명 이상이 나가면 맹수도 사냥할 가능성이 생긴다. 여기에는 조건이 하나 있다. 서로 양보하고 협동하고 인내해야 한다. 이를 위해서는 신뢰가 가장 중요하다.

루소가 제기한 사슴과 토끼 사냥의 문제에 대한 해결책은 '사냥의 결과물을 어떻게 분배할 것인가'라는 분배 정의에서부터 답을 찾아야 한다.

철옹성도 작은 구멍이 나기 시작하면 어느 순간 무너지고 만다. 나 하나쯤 무임승차한다고 이 견고한 성곽이 무너질까 하는 안일함이 화를 자초한다. 내 가족만을 생각하며 눈앞의 토끼를 쫓는 동안 포위망은 뚫리고 사슴은 달아난다. 이는 총체적인 손실이다. 이 안일한 사냥꾼의 가족은 누구도 아닌 자기 아비로 인해 영양가가 더 풍부한 사슴 고기를 먹을 기회를 놓치고, 부족과 함께 살아간다는 연대감을 잃는다. 토끼를 쫓다가 포위망을 이탈한 사냥꾼에게는 그에 합당한 조치를 취해야 한다.

무엇보다도 중요한 것은 노획물에 대한 정당한 분배가 이루어진다는 약속과 그 약속의 실현이다. 이것이 사냥꾼들을 대열에서 이탈하지 않게 한다. 사냥을 하러 떠나기 전부터 노획물을 나눌 때까지 분명하게 소통해야 한다. 이처럼 지속 가능한 생존이 이루어지려면 분배 정의의 문제가 선결되어야 한다.

정의로운 분배가
필요한 이유

영국의 정치학자 마이클 테일러(Michael Taylor)는 원시공동체가 어떻게 유지되는지를 연구하던 중 재미있는 사실을 발견했다. 어느 부족이 두 종류의 식량에 의존해 살아가고 있었다. 하나는 마을에서 흔하게 자라나며 누구든 쉽게 채취할 수 있는 채소다. 다른 하나는 숲속으로 며칠씩 사냥을 떠나야 잡을 수 있는 동물이다. 반드시 잡아 온다는 보장은 없다. 빈손으로 돌아오는 경우도 꽤 많다. 족장이 누구냐에 따라, 또 사냥 기술의 수준에 따라 많이 잡을 수도, 적게 잡을 수도 있다.

테일러가 관찰한 결과, 부족들이 사냥한 동물은 평등하게 나누어 가지고, 채취한 식물은 각자 기여한 만큼 차등적으로 가져간다는 사실을 알게 되었다. 이유는 간단하다. 생존하려면 동물성 단백질을 필수적으로 섭취해야 하므로 이 영양소는 운에 맡겨서는 안 된다. 따라서 함께 사냥하고 공정하게 분배해 협력을 도모한다. 그리고 마을에 흔하게 있는 채소는 일한 만큼 가져가고 원하는 대로 먹는다.

인간이 지구를 지배하게 된 데에는 협업과 분업을 할 줄 아는 합리적 동물이라는 점이 유효하게 작용했다. 마르크스는 《폭력혁명론》에서 정의로운 분배가 이루어지지 않으면 비이성적인 방법으로 사회가 해체되고 파괴되는 결과를 맞이한다고 했다. 피자를 나누는 정의로운 방법을 찾아내야 하는 이유가 바로 여기에 있다. 이 방법을 찾지 못한다면 마르크스의 주장처럼 극단적인 방법이 나올 수밖에 없다. 마지막 한 조각을 먹겠다고 누군가 주먹을 휘두르게 될지도 모를 일이다.

꿀벌은 꿀을 절대 혼자 먹지 않는다. 꿀벌은 꿀을 발견하면 절대 혼자 먹지 않고 무리로 돌아간다. 벌집으로 돌아가 날갯짓으로 꿀이 얼마나 멀리 떨어져 있고, 어느 방향으로 가야 하며, 얼마나 많이 있는지 동료들에게 알려준다. 이 방식 때문에 꿀벌 공동체가 단단하게 유지되는 것이다.

이처럼 정의로운 분배가 필요한 또 다른 이유는 지속적인 협동을 이끌어내기 위해서다. 사람들이 협동하는 이유는 자신에게 수긍, 납득할 수 있는 몫이 돌아올 것이라는 믿음 때문이다. 협동의 결과물을 정의롭게 분배하지 않는다면 적극적으로 협동할 리가 없다.

정의로운 분배가 무엇이냐에 대해서는 이의가 있을 수 있으나, 사회의 지속 가능한 발전을 위해서 정의로운 분배가 꼭 필요하다는 주장에는 이의가 있을 수 없다.

평등한 분배보다
모두에게 이익이 될 수 있는 분배가 더 우월하다.

—롤스

1 나는 나의 팀원들에게 어떤 기준으로 피자를 분배할 것인가?

2 자기 이익만 챙기는 무임승차자를 방지하는 방법에는
어떤 것이 있는가?

3 내가 '최대다수의 최대행복'을 주장하는 공리주의자라면
롤스의 차등원칙에 어떻게 대응하겠는가?

10

열 명을 살리기 위해
한 명을 죽일 것인가

무언가를 위해 목숨을 버릴 각오가 되어 있지 않는 한,
그것이 삶의 목표라는 어떤 확신도 가질 수 없다.

———————

체 게바라

죽일 것인가,
죽도록 내버려둘 것인가

아프리카 어느 부족의 족장이 저명한 식물학자에게 초청장을 보냈다. 초청에 응한 식물학자가 비행기를 타고 가니 추장은 공항까지 마중 나와 환대해주었다. 마을로 들어서자 원주민들이 나와 손을 흔든다. 기분 좋게 주변을 둘러보는데 여행객 열한 명이 사형대에 묶여 있다. 깜짝 놀라서 어찌된 일이냐고 묻자, 추장은 저 여행객들이 자신들의 영토를 무단 침입해 사형을 시킬 거라고 말한다. 식물학자가 보기에 그들은 그저 평범한 사람들일 뿐이다. 저들을 풀어달라고 간청하자 추장이 말한다. "그럼 선택권을 주겠소. 저 중에 한 명을 당신 손으로 총살하면 나머지 사람들은 모두 풀어주겠소." 당신이 만약 식물학자라면 어떻게 하겠는가?[1]

당신은 전차의 기관사다. 한참 달리는데 저 앞 선로에 열 명의 승객을 태운 버스가 멈춰 서 있다. 그대로 충돌하면 버스 안의 승객이 모두 사망한다. 그곳은 마침 선로가 갈라지는 지점이었다. 당신은 진로를 바꾸려고 옆 선로를 보았다. 그런데 거기에 한 사람이 앉아 있는 게 아닌가. 멈추기에는 이미 늦었다. 어느 쪽이든 선택을 하지 않을 수 없다. 가던 길로 가면 열 명이 죽는다. 방향을 틀면 한 명이 죽는다. 예정된 노선을 따른다면 그 한 사람은 죽지 않는다. 그렇다면 이대로 열 명이 죽어야 할까?[2]

만약 당신이 예정된 노선을 따르는 쪽을 택했다면, 버스에 열 명이 아닌 백 명의 사람이 타고 있었다 해도 당신의 선택은 동일한가? 아니면 천 명이라면 어떤가? 또 만약 당신이 열 명을 살리기 위해 한 명이 있는 쪽으로 방향을 틀기로 선택했다면, 알고 보니 그 한 명이 어린아이라면, 혹 당신의 자녀라면 어떤가? 당신의 선택에는 변함이 없을까?

살다 보면 쉽게 정답을 찾기 어려운 딜레마들이 생긴다. 문제의 핵심에 집중하며 최선의 해답을 찾아가지만 그 과정에서 배제되는 것들이 있다. 그런데 그것이 진정 부수적인 요소들인지 확신이 서지 않아 마음이 편치 않다. 현대철학자 버나드 윌리엄

스(Bernard Williams)와 윤리학자 필리파 풋(Philippa Foot)은 현실에서 일어날 것 같지 않은 상황을 가정하고 사고실험을 유도한다. 앞서 본 식물학자와 기관사의 딜레마는 이 두 학자의 사고실험을 인용한 것이다.

식물학자가 한 명을 죽이지 않으면 그 한 명을 포함해 모두 열한 명의 사람이 죽는다. 그러나 안타깝더라도 한 명이 희생하면 열 사람의 목숨은 구제받는다. 만약 식물학자가 의무론적인 사고를 하는 사람이라면 죄책감으로 인해 살인을 할 수 없다고 할 것이다. 반면 결과주의적 사고를 한다면 '내 손으로 한 명을 죽여서 열 명을 살리겠다'라며 기꺼이 총을 들 것이다. 한 명을 죽이지 않으면 어차피 열한 명이 모두 죽게 되어 있으니 말이다.

의무론적 사고에 따르면 전차는 원래의 노선대로 가야만 한다. 비록 열 명이 죽는다 해도 원래 예정된 길이기 때문이다. 방향을 틀었을 때 희생되는 한 명은 원래는 죽을 일이 없던 사람이다. '사람 생명은 숫자로 헤아릴 수 없고, 열 명이나 한 명이나 생명은 마찬가지다'라는 의견이 있다. '그래도 열 명이 사는 것이 낫지 않느냐'라며 결과를 중시하는 주장도 있다. 그렇다면 '죽게 내버려두는 것'과 '죽이는 것' 중 어느 쪽이 도덕적인 행위인가. 한 사람을 죽이는 것보다 열 사람을 죽게 내버려두는 쪽이 더 도덕적인 행위라고 말할 수 있을까.

칸트(Immanuel Kant) 같은 의무론자는 '내 손으로 죽였느냐, 죽이지 않았느냐' 즉 '죽이는 것(killing)'과 '죽게 내버려두는 것(letting die)'을 다르다고 보았다. 그리고 한 명이든 열 명이든 죽음은 같은 것이라고 여겼다. 그러나 공리주의를 표방한 결과론자들은 '죽이는 것'과 '죽게 내버려두는 것'을 크게 구분하지 않았다. 그들은 더 많은 사람을 살리는 선택이 옳다고 믿었다.

테러범을 잡기 위해
인질을 희생시킬 것인가

2002년 10월 23일, 모스크바의 오페라 극장에 체첸 반군 50여 명이 급습한다. 그들은 체첸 주둔 러시아군의 철수를 요구하며 관객 700여 명을 인질로 잡고 경찰과 대치한다. 러시아 정부는 반군과 협상을 시도한다. 그러나 반군들이 인질을 살해하겠다고 공표한 날 새벽, 러시아 정부는 특수부대원 100여 명을 투입해 진압 작전을 펼쳤고 그 과정에서 유독성 화학가스를 사용한다. 결국 인질범 41명이 숨지지만 인질로 삽혀 있던 관객 129명도 숨진다.

러시아 최악의 이 인질극은 인질과 인질범 170여 명이 숨진 대규모 유혈 참극으로, 사건 발생 57시간 만에 막을 내린다. 가스의 정체에 대한 의문이 빗발치자, 러시아 당국은 의료용 마취제로 쓰이는 '클로로포름'이라 해명했다. 그러나 문제의 가스는 1997년 러시아가 서명한 화학무기금지협약에 명시된 신경가스 중 하나라는 관측이 나왔다.

테러리스트의 요구를 들어주면 그들과 협상한 형국이 되고 향후 테러가 남용될 가능성이 높다. 그러나 요구를 들어주지 않으면 무고한 시민들이 희생된다. 테러는 또 다른 테러를 야기한다. 러시아 정부도 체첸 반군 테러에 책임이 있다. 이런 비극은 체첸인 탄압, 비인도주의적 정책의 결과이기 때문이다. 아이러니와 딜레마가 혼재된 이런 상황에서 최상의 선택은 없다.

미국 해군을 대표하는 특수부대로 네이비 실(Navy SEAL)이 있다. 오사마 빈 라덴을 사살한 전력으로도 유명한 이 부대의 원칙은 '전우를 위험한 곳에 남겨두고 오지 않는다'라고 한다. 네이비 실 대원은 작전이나 전쟁 중에 홀로 방치되거나 포로가 되는 경우가 없다. 팀원의 생명이 곧 나의 생명이라고 훈련받기 때문이다. 만약 동료 병사가 전장에 쓰러져 있다면 모두가 그를 부축해서 데리고 나온다.

모터가 달린 고무보트를 타고 대원들이 전속력으로 달리고 있다. 그런데 대원 중 한 명이 깜빡 졸다 툭 떨어진다. 뒤에는 적의 경비정이 막 추적해오고 있다. 다시 돌아가서 그 한 명을 데려오다가는 모두 다 죽을 게 분명하다. 만약 이 상황이 영화라면 주인공과 전우들은 돌아가서 대원을 건져내고 적의 경비정에 이미 장착해놓은 시한폭탄을 터트리겠지만, 현실은 영화와 다르고 우리는 어려운 선택을 할 수밖에 없다.

자신을
위험에 빠트리지 말라

아리스토텔레스 이래로 철학자들은 행복에 대해서 줄곧 생각해왔다. 내가 행복해지기 위해서는 다른 사람이 불행해져야 하는 제로섬(zero-sum) 관계도 있고, 나도 행복하고 남도 행복한 포지티브 섬(positive sum) 관계도 있다. 공리주의는 포지티브 섬의 관계를 추구한다. 그러나 모든 이에게 이익이 돌아가는 상황이란 쉽게 만들어지는 것이 아니다. 이에 공리주의는 어떤 사람이 얻을 때 다른 누구는 조금 잃을 수도 있다고 보았다. 단, 전체의 합이 마이너스가 되어서는 안 된다.

공리주의는 개인이 마땅히 해야 할 행동을 규정하는 기준을 제시하고, 도덕 규칙을 포함한 현존하는 사회 관행을 평가하는 기준을 제시하는 규범적 도덕이론의 하나다. 공리주의의 특징은 공적 도덕과 사적 도덕의 구분 없이 모든 도덕적 문제를 단일한 원칙 즉 '최대 다수의 최대 행복'이라는 원칙으로 해결하려는 일반적 도덕 이론이란 점에 있다. 존 스튜어트 밀은 저서 《공리주의》에서 최대 행복 원리를 따를 경우, 자신의 이익을 고려하든 타인의 이익을 고려하든, 가능한 한 고통이 없고 또한 질적으로나 양적으로 할 수 있는 한 최대한 즐거움을 만끽할 수 있는 그런 존재 상태에 이르는 것이 궁극적 목적이 된다고 말했다.[3]

소방대 구조대원들이 지니는 제1원칙은 '자신을 위험에 빠트리지 말라'이다. '몸을 던져서 사람을 구하라' '신속하게 피해를 줄이라'와 같은 말이 아니다. 뜻밖에도 그 모든 것에 앞서 스스로를 위험에 빠트리지 말라고 경고한다. 자기 스스로를 위험에 빠트리면 더 큰 위험에 처하게 된다. 우선 구조 활동을 할 수 없으므로 구할 수 있는 사람을 구하지 못한다. 또 동료들이 자기를 구조해야 하므로 역시 더 많은 사람을 구할 기회가 줄어든다. 그렇기에 영웅적인 구조 활동을 벌이고 싶더라도 자신을 위험한 상태로 빠트릴 만큼이어서는 안 된다.

윤리가 무한한 희생을 요구하는 덕목이라고 생각하는 경향이 있다. 공리주의에 따르면 희생은 하되, 우선 스스로를 추스른 뒤에 해야 한다. 또한 어떤 상황에서 가장 도움이 되는 방법이 무언지 신중하게 생각한 뒤 선택해야 한다.

나의 행복과
타인의 행복 사이

인생은 변수의 연속이다. '열 명을 살리기 위해 한 명을 죽일 것인가?'라는 질문에 빠진 상황이다. 열 명은 누구이고 한 명은 누구인가. 만약 원수 한 명을 죽여서 내 친구 열 명을 살린다면 나는 기꺼이 그렇게 할 것이다. 거꾸로 원수 열 명을 살리기 위해서 내 친구 한 명을 죽여야만 하는 상황이라면 선택은 쉽지 않을 것 같다.

전쟁 상황이다. 한밤중에 탱크가 쳐들어온다. 나는 보초를 서는 군인이다. 탱크를 향해 발포하려는 순간, 포신에 매달려 소리치는 사람이 보인다. 바로 어머니다. 버튼을 누르면 적의 탱크 부대를 박살내지만 내 어머니도 죽는다. 발포하지 못한다면 후방에서 잠든 동료 100명이 죽음을 맞는다. 어머니의 목숨인가, 동료 100명의 목숨인가.

공리주의는 소수를 희생하더라도 다수를 살리는 길을 선택한다. 소수의 희생자가 친구나 어머니라 할지라도 다수를 택한다. 이처럼 공리주의는 행위자의 중립적인 선택을 요구한다. 존 스튜어트 밀은 공리주의 도덕률에서는 인간이 다른 사람들을 위해 자신에게 가장 소중한 것마저 희생할 수 있음을 인정한다. 다만 희생이 그 자체로 가치가 있다고 생각하지 않는다. 행복의 총량을 증대하지 않거나 증대할 경향이 없는 희생은 한마디로 낭비에 지나지 않는다고 보기 때문이다. 공리주의는 다른 사람들, 즉 집단적 의미로서의 인류 또는 인류의 집단적 이해관계에 의해 설정되는 한계 속의 개인의 행복 또는 그 행복에 이르게 해주는 수단을 위해 헌신하는 자기 부정만을 찬양한다고 말한다.[4]

다수의 행복을 위해 희생을 결정했다면 누구를 희생시킬 것인지의 문제에 다다른다. 식물학자가 추장의 제안에 따르기로 한다. 열 명을 살리기 위해 한 명을 향해 총구를 겨누기로 결정한다. 그 '한 명'의 선택을 두고 다양한 변수가 작용한다. 무작위로 뽑힐 수도 있고, 사람들 사이에 평판이 좋지 않은 사람이 될 수도 있고, 죽음을 앞둔 노인이 지목될 수도 있다. 공리주의자들은 최대 다수의 최대 행복을 산출해줄 희생자를 선별

할 것이다. 그렇다면 대체로 죄를 지었거나 나이든 사람이 우선 순위에 오를 것이다. 그러나 그것이 옳은 결정이라고 확신할 수 있을까?

에이즈 환자 열 명이 있는데, 단 한 사람만이 치료약을 복용할 수 있다. 열 명 가운데는 강간범도 있고 대통령도 있고 과학자도 있다. 그중 어떤 사람에게 치료약을 주느냐를 두고 학생들은 "에이즈 치료약을 더 많이 개발할 수 있는 사람한테 줍니다"라는 대답을 많이 한다. 공리주의자는 그 사람을 위시로 더 많은 혜택을 낼 만한 사람을 선별하여 구하라고 한다.

공리주의를 반대하는 사람들은 인간 행동의 옳고 그름에 관한 공리주의적 판단 기준의 관건이 되는 행복이 행위자 자신뿐 아니라 관련되는 모든 사람을 포함한다는 사실을 제대로 인정하지 않는다. 이에 존 스튜어트 밀은 본인의 행복과 타인의 행복 중 하나를 골라야 하는 상황이라면, 공리주의는 그 사람에게 사심 없는 선의의 구경꾼만큼이나 엄격하게 중립적인 자세를 취하도록 요구한다고 주장했다.[5]

'죽이는 것'과 '죽게 내버려두는 것'이라는 상황은 인간의 딜레마를 극한으로 밀어놓은 사고실험이다. 극단적인 질문으로 보일 수도 있겠지만 법과 문명의 보호를 받지 못하는 여러 곳에서 실제로 처해지는 선택 상황이기도 하다. 이런 사고실험을 통해 우리는 일상에서 일어나는 딜레마를 숙고한다.

　복잡다단한 현대사회에서는 누구나 딜레마를 겪으며 살아갈 수밖에 없다. 만약 당신의 인생에 딜레마가 없다면 그것은 당신이 이 사회의 일그러진 초상을 직시하지 않은 채 살고 있다는 방증일지도 모른다.

● **생각해볼 문제**

1   죽이는 것과 죽도록 내버려두는 것은
    도덕적 판단에서 같은가, 다른가??

2   인질을 죽이지 않고 테러범을 잡을 수 없는 상황이다.
    발포할 것인가, 말 것인가?

3   나의 행복을 다른 사람의 행복과 비교하는 것은 가능한가?

11

법은 옳고 그름을
규정할 수 있는가

용기란 정의가 수반되지 않는 한 무가치하다.
하지만 모든 사람이 정의로워지면 용기는 불필요해진다.

———————

아게실라오스 2세

지배자나 정치 세력에 따라
달라지는 법

진리는 시간이 흘러도 변하지 않는다. 로마법은 로마가 멸망한 뒤에도 중세 유럽으로 계승되고 근대 시민법의 형성에 영향을 미칠 만큼 앞서나간 법이다. 동양의 유가사상은 법보다 덕을 더 중요시했다. 위정자는 덕이 있어야 하며, 도덕과 예의를 통하여 민심을 감화시키는 것이 이상적인 정치라고 보았다.

인치(人治)는 리더의 덕에 의지한 정치이고, 법치(法治)는 법률에 의거한 정치이다. 사람의 마음이란 시시각각 변하고 알 수 없는 것이라서 '인치'는 '법치'와는 달리 지배자에 따라 기준이 달라진다. 그리하여 인치를 택한 동양에서는 어진 지도자를 만들기 위해서 왕을 교육했다. 조선 시대에는 왕의 공부를 경연(經筵)이라 했는데 이는 '경전을 공부하는 자리'라는 뜻이다. 홍문관은 왕의 교육을 전담한 기관이었다. 조선의 정치 원리는 덕에 의한 교화를 이상으로 삼았기에, 홍문관 관리들은 왕에게 경서와 사서를 통해 유교의 이상 정치를 가르치고자 하였다. 하지만 실제로는 전제 왕권의 사적인 행사를 규제하는 데 중요한 역할을 담당했다.

법은 현존하는 정치 세력에 의해 좌지우지된다. 정치 세력의 균형이 어떻게 맞추어져 있는가에 따라 법은 가결되기도, 부결되기도 한다. 다수가 항상 옳다면 다수에 의해 통과된 법도 항상 옳아야 한다.

그러나 다수가 절대적으로 옳은 것은 아니다. 공동체는 공동의 목표를 통해 운용된다. 동시에 구성원 개인의 자유와 권리가 지켜져야 한다. 그런데 개인의 자유와 권리는 사회적인 목표와 늘 충돌한다. 이런 경우, 과거에는 공동체가 우위에 있고 개인은 희생을 강요당했다. 왕정 시대에는 소수 개인에게 권력이 집중되어 다수의 백성들이 희생을 치렀다. 그런 상황으로부터 개인의 자유와 권리를 보호하기 위해 법은 존재하고 발전해왔다.

법은 옳고 그름을 규정할 수 있는가? 이 질문에 답하기 위해서는 먼저 이렇게 물어보자. 법에서 허용하는 것은 모두 옳고,

법에서 금지하는 것은 모두 그른가? 이 질문에 명쾌하게 '그렇다'라고 대답하기에는 세상과 법 사이에 모순이 많다. 세상에는 그른 법, 즉 악법도 존재하므로 법은 옳고 그름을 규정할 수 없다.

악법도
지켜야 하는가

옳지 않은 법, 악법을 준수해야 하는가를 두고 사람마다 의견이 다르다. 악법도 법이므로 지켜야 한다는 이들도 있고, 악법은 악한 것이므로 지키지 않아도 된다는 이들도 있다.

두 번째 입장은 의견에 따라 다시 두 갈래로 나뉜다. 하나는 악법을 따르지 않았기 때문에 그에 따른 처벌도 받을 필요가 없다는 입장이고, 다른 하나는 악법은 지킬 수 없지만 법을 지키지 않은 것에 따른 처벌은 받아야 한다는 입장이다.

베트남 전쟁 당시 징집영장을 발부받은 미국 젊은이들 중 캐나다로 도피한 이들이 있었다. 전쟁에 반대하기에 입대를 거부한다고 주장했지만 법의 관점에서는 불법 행위였다. 그들은 악법에 따르는 처벌 또한 받지 않기 위해 망명을 택했다. 한편 '여호와의 증인' 신도들은 신념에 위배되기에 입대를 거부하지만 그에 따른 처벌은 받기 위해 감옥에 간다.

법에는 치명적인 문제점이 있다. 첫째, 법은 모든 것을 일일이 규제할 만큼 세분화되어 있지 않다. 모든 경우에 해당하는 기준을 정해야 한다면, 그 법을 만드는 과정과 함께 위법 사항을 찾는 데 엄청난 시간과 비용이 소요될 것이다.

둘째, 법 제정자는 스스로 만든 법에 의해 규제를 받아야 하는가, 받지 말아야 하는가. 이는 동양의 법가에서 가장 중요하게 다루었던 문제다. 왕이 곧 법이었던 과거에는 왕에게도 법을 적용할지의 여부를 두고 논쟁을 벌였다.

법치주의가 준수되는 오늘날은 법 앞에 만인이 평등하다. 그러나 실제 집행에서 정치·경제 권력층과 똑같은 법 적용을 받는다고 느끼는 사람은 그리 많지 않다. 법치주의가 인치주의보다 우위를 점하려면 법을 지켜야 한다는 원칙과 법의 적용, 형평성이 공히 지켜져야 한다. 이렇듯 법 앞에 만인이 평등해야 하지만 현실은 그렇지 않은 게 사실이다.

셋째, 법은 현실을 앞서갈 수 없다. 법은 현실을 뒤따라가는 것이기에 그 사이에 악법이 존재할 수 있다. 쉴 새 없이 변해가는 세상에 발걸음을 맞추어 법을 미리 바꿀 수는 없다. 아니, 법은 세상보다 앞서가서는 안 된다. 이것이 법 보수주의의 정신이다.

'혼인빙자간음죄'와 '간통죄'는 오랫동안 폐지 논란을 거듭한 문제다. 두 범죄는 남녀 사이의 성적 사생활을 국가가 처벌하는 성격의 법조항으로 언급돼왔다. 그중 '혼인빙자간음죄'는 2012년 완전히 폐지되었고, '간통죄'는 2015년 2월 26일에 위헌 결정이 났다. 혼인빙자간음죄의 경우 헌법재판소에서 "혼인빙자간음 조항은 남녀평등에 반할 뿐 아니라, 여성을 보호한다는 미명 아래 여성의 성적 자기결정권을 부인하고 있다"라며 "이는 여성의 존엄과 가치에 역행하는 법률"이라는 이유로 위헌 판정을 내렸다. 그러나 그로부터 3년이 지난 후에야 혼인빙자간음죄는 완전히 폐지되었다. 개인의 성적 결정권이 법 정신보다 빠르게 확산되었지만 법은 기존의 사회 질서를 고려한 가운데 폐지할 시기를 기다린 것이다.

옳고 그름에 대한 여러 관점들

법이 옳고 그름을 규정할 수 없다면 과연 무엇이 그것을 규정할 수 있을까? 아니, 옳고 그름을 규정할 수는 있는가? 여기에는 두 가지 입장이 있다. '관점주의'의 철학자 니체는 옳고 그름이란 규정할 수 없다고 말한다. 자신에게 보이는 대로 세상을 보고 판단한다는 것이 바로 관점주의다. 니체는 이 세상에는 다양한 관점의 해석만이 존재하기 때문에 선과 악을 구분할 수 있는 길은 없다고 말한다.

관점주의의 반대편에 객관주의가 있다. 이는 각자의 주관적 인식과 관계없이 옳고 그름은 주어져 있다는 입장이다. 플라톤은 이 세상에 존재하는 모든 개별자는 영원한 보편자의 그림자에 불과하다고 말한다.[1]

여기 펜 한 자루가 있다. 또 다른 형태의 펜도 있다. 이렇듯 다양한 형태의 펜을 총칭해 부르는 '펜'이라는 이데아가 존재한다. 의자, 책상, 학교, 산, 나무 등 존재하는 모든 개별자가 보편자인 이데아를 가진다면 세상은 보편자들로 넘쳐날 것이다. 플라톤은 이데아 가운데 최고의 이데아를 '선의 이데아'라고 보았다. 그는 선한 것, 즉 '옳음'의 이데아가 있다고 믿었다.

니체의 관점주의도 아니고 플라톤의 객관주의도 아닌 또 하나의 입장이 있다. 간주관주의(間主觀主義, inter-subjectivity)가 그것이다. 이것은 주관주의에서 출발한다. 사람들은 저마다 자신만의 관점을 지니고 있지만 역지사지를 통해 상대방의 관점을 이해할 수 있다. 이성을 통해 합의가 가능하고 이 과정에서

추출한 것을 옳다고 정의 내릴 수 있다는 입장이다.

간주관주의는 관점주의처럼 각자 해석하기 나름이라는 극단적 상대주의가 아니다. 플라톤처럼 객관적이고 영원불변한 이데아가 있다는 것도 아니다. 서로 합의하여 옳다고 말하는 제3의 지점을 추구하는 간주관주의는 로크(John Locke), 홉스(Thomas Hobbes), 루소, 칸트 같은 사회계약론자들의 이론이다. 이들에 따르면 옳은 것이란 사회 구성원들이 서로 합의하여 계약을 맺는 상태를 의미한다.

자연법이냐
실정법이냐

'법은 옳고 그름을 규정할 수 있는가'라는 질문 속 '법'은 실정법을 가리킨다. 이는 현실적으로 행해지는 성문화된 법을 말하며, 앞서 말한 대로 그 체계가 아무리 빈틈없이 정비되어 있을지라도 한계가 있으므로 옳고 그름을 규정할 수 없다.

자연법은 실정법에 대비되는 법 개념으로, 영구불변의 보편적 질서나 보편적 기준을 이른다. 실정법이 시대나 사회 변화에 따라 내용이 달라지는 데 반해, 자연법은 자연의 질서나 인간의 이성에 근거를 둔 보편적이고 지속적인 법이기에 변함이 없다. 자연법은 중세 가톨릭의 공식적인 견해로, 토마스 아퀴나스(Thomas Aquinas)의 사상에 기초한다. 그는 아리스토텔레스의 영향을 받은 신학철학자였다. 모든 사물에는 목적이 있다고 보았던 아리스토텔레스의 사상은 자연법의 근간이다.[2]

고대 자연법은 중세에 들어와 가톨릭의 교리와 결합되며 '자연 질서는 신의 법이므로 인간은 이를 따라야 한다'라는 견해로 나아갔다.[3] 아퀴나스는 하나님이 이 세상을 만들었고 동시에 인간에게 자유의지와 이성을 주었다고 했다. 그에게 이성이란 세상을 지배하는 자연법을 통찰하는 능력이었다. 인간은 이성을 통해 자연에 내재한 자연법들을 알게 된다. 즉, 인간은 법을 발명하는 것이 아니라 발견해내는 것이다. 아퀴나스는 자연법에 근거한 제도와 실정법들은 정의롭다고 보았다. 그러나 인간이 고안한 실정법 자체로는 옳고 그름에 대해 규정할 수 없고, 다만 인간에 내재한 이성과 양심만이 궁극적으로 옳고 그름을 규정할 수 있다고 보았다.

'자연스러운 것은 옳은 것이고 부자연스러운 것은 옳은 것이 아니다'라는 것이 자연법의 핵심이다. 명명백백한 명제처럼 보이지만 사람마다 생각과 관점이 각기 다르고, 또 이는 시대마다 변화를 겪게 마련이다. 인간의 이성에 의하면 생명은 소중한 것이다. 이런 관점에서 가톨릭은 제왕절개술, 시험관아기, 생명 연장 시술에 대해 처음에는 강한 반대의 뜻을 표명했다. 그러나 과학기술은 하루가 다르게 발전하고 생명을 해석하는 관점 또한 달라지고 있다.

이성과 양심조차 상대적으로 해석되는 세상에서 자연법이란 자칫 주관적인 판단의 늪에 빠질 우려가 있다. 그런 점에서 필자는 자연법에 대해서 유보적인 입장이다. 실정법은 옳고 그름을 정의 내릴 수 없지만 세상에서 질서를 잡아주는 표지판 역할을 한다. 표지판에 가끔 오자가 있다고 해서, 어쩌다 잘못된 방향이 표시되어 있다고 해서 모든 표지판을 없앨 수는 없다.

악법의 가능성이 있다고 해서 법 자체가 무의미한 것은 아니다. 다만 법의 가치를 존중하되 악법의 가능성을 인지하고, 실정법이 최종적인 해법이라고 단언해서는 안 될 일이다.

1 악법도 법인가? 지켜야 한다고 생각하는가?

---

2 내가 생각하는 최대의 악법은 무엇인가?

---

3 '자연스러운 것이 옳은 것이고 부자연스러운 것은
옳은 것이 아니다'라는 자연법의 관점에서 보았을 때
옳은 것은 무엇이고 옳지 않은 것은 무엇인가?

12

왜 어려운 사람을
도와야 하는가

참다운 자선이란 보답에 대한 생각 없이
타인에게 유용함을 주려는 욕망이다.

———————

스베덴보리

당신은
베푸는 사람인가

미국의 조직심리학자인 애덤 그랜트(Adam Grant)는 저서 《기브 앤 테이크》에서 인간형을 분류하는데, 무언가를 줄 때를 기준으로 매처(matcher)와 테이커(taker), 기버(giver) 세 가지가 그것이다.

매처는 받는 만큼 되돌려주는 사람이다. 남을 도울 때 매처는 공평함을 지향하고 상부상조 원리를 내세우며 자신의 이익을 보호한다. 테이커는 주는 것보다 더 많은 이익을 얻으려는 사람이다. 이들에게 인간관계란 곧 투자 관계다. 더 많이 돌아올 것을 기대하며 주는데, 몇 번 시도하다 기대만큼 돌아오지 않으면 관계를 끊는다. 이들은 세상을 적자생존의 전쟁터로 보며 내 것은 내가 지켜야 한다고 여긴다. 기버는 자신의 이익보다 남의 이익을 항상 더 먼저 생각한다. 때로는 손해를 보는 것마저 감수한다.

그랜트는 부, 권력, 명예를 모두 고려해 사회를 상, 중, 하 세 단위로 구분했다. 중간층에는 매처와 테이커가 분포했다. 상층부에는 기버들이 있었다. 놀랍게도 하층부의 자리에도 기버들이 있었다. 이 분류는 흥미로운 의문을 자아낸다. 왜 매처와 테이커는 상층부에 진입하는 데 실패했을까. 받은 만큼만 주거나, 준 것보다 하나라도 더 챙겨오는 사람들. 이처럼 계산적으로 살아가는 사람들이 왜 상층부에 들지 못했을까. 그리고 기버들이 상층부와 하층부에 공히 분포된 이유는 무엇일까. 그리고 상·하층부의 기버들은 어떤 점에서 다른 것일까.

테이커가 무언가를 강탈하면 상대방은 되갚을 기회를 노린다. 테이커가 상층부에 올라가려고 하는 순간 피해자들이 발목을 잡는다. 또한 매처가 올라가려 할 때에는 앞장서서 도와주는 사람은 없다. 그를 거부하지도 않지만 지지하지도 않는다. 거래할 때는 물론 테이커보다는 기버를 선호한다. 테이커는 거래를 하면 할수록 나쁜 소문이 퍼지면서 거래처가 줄어든다. 반면 호감을 얻게 된 기버는 소문이 퍼져 거래가 늘어나고 마침내 상층부에 진입하게 된다.

하층부의 기버들은 대책 없이 주기만 하는 사람들이다. 친구가 보증을 서달라면 생각 없이 도장을 찍어주는 인간형이다. 상층부의 기버들은 아낌없이 주지만 계획 안에서 움직인다. '1년에 100시간 봉사활동을 하겠다' '매년 수입의 5퍼센트를 기부하겠다'처럼 장기적이고 세밀한 계획을 세우고 움직인다. 성공의 비결은 바로 여기에 있다.

남을 돕는 것은 결국 자신을 위하는 일이기도 하다. 그렇다면 자신의 성공을 위해서 남을 돕는 자도 기버라고 할 수 있을까? 그랜트는 그들을 위장된 테이커라고 했다. 성공의 사다리를 올라가던 중 테이커로 살다가 돈이 생기자 명예를 얻을 욕심에 전시용으로 기부하는 사람들이 있다. 가식적인 선의는 마음을 움직이지 못한다. 위장된 테이커들은 때가 되면 추락한다.

이타적 행위의
진짜 동기

왜 어려운 사람을 도와야 하는가? 이 질문을 두고 철학적으로 크게 두 가지 입장이 있다. 먼저 순수한 이타주의가 있다. 나에게 아무런 도움이 되지 않아도, 불이익을 당한다 해도 남을 도와야 한다는 입장이다.

다른 하나는 남을 도우면 결국 나에게도 도움이 돌아오기 때문에 내 자신을 생각해서라도 남을 돕는다는 입장이다. 이를 '위장된 형태의 이기주의에 불과하다'라고 보는 비판도 있지만 인간의 본성으로 보는 관점도 있다. 애덤 그랜트는 원래 인간은 그런 방식으로 진화해왔으며 남을 도와주면 나도 얻는 것은 '윈-윈'이라고 말한다. 그러나 칸트주의자들은 이것이 순수한 의미의 이타주의가 아니라고 보았다. 공리주의자들은 남을 도와줘서 그가 잘되고, 그로 인해 내가 잘되는 것은 자연스러운 현상이라고 했다. 최대 다수의 최대 행복이 증가한다면 결코 그릇된 일이 아니다.

도움을 주는 사람이 더 행복할까, 도움을 받는 사람이 더 행복할까. 도움을 받는 사람이 더 행복할 것만 같지만 실상은 주는 사람이 더 행복하다. 자원봉사자들 가운데는 '중독'에 가까우리만큼 자기희생적인 사람들이 있다. 봉사하는 시간이 많아질수록 행복이 커지는데, 1년에 100시간대에 이르면 최고조에 오른다고 한다. 하지만 100시간부터 700시간까지는 행복의 강도가 더 이상 오르지 않는다. 100시간 봉사한 사람이나 700시간 봉사한 사람이나 그로 인해 얻는 행복감에는 차이가 없다. 그런데 700시간 이상으로 넘어가면 일상을 침해당하기 때문에 오히려 행복감이 감소한다.

토머스 홉스는 인간은 자신의 이익만을 추구한다고 보았다. 어느 날 홉스가 길에서 만난 거지에게 돈을 건넸다. 그 모습을 본 친구가 거지에게 베푼 것은 이기적인 행동이 아니므로 홉스 자신의 이론에 반한다고 지적했다. 홉스는 답했다. "내가 거지에게 돈을 준 것은 그를 돕기 위해서가 아니라네. 돈을 받고 기뻐하는 거지의 모습에서 내 자신이 즐거움을 얻을 수 있기 때문이지." 그는 자비를 받는 사람보다 베푸는 사람이 더 행복하다고 말한다. 자비를 베푸는 사람은 더 많은 권한을 가지고 있다고 느끼기 때문이다.

홉스는 동기를 재해석하는 전략을 사용했다. 이타적인 행위 안에는 어려운 사람을 향한 동정심 외에 자비로운 행동을 했다는 사회적인 인정이나 개인적인 만족 같은 자기중심적인 동기가 내재해 있다고 보았다. 이 관점으로 보면, 남을 돕는 사람들은 '나는 자비를 베풀 만큼 힘 있는 사람'이라며 희열을 느끼거나 '자신이 저 사람들보다는 행복하다'는 사실을 확인하며 안도하는데, 이것이 순수한 선의를 앞서는 진짜 동기가 된다.

도움에도 적절한 시기와
방법이 필요하다

영아사망률은 아프리카의 비극을 드러내는 척도다. 지금도 수많은 아이들이 부모에게서 감염되어 에이즈 환자로 태어난다. 열악한 환경에서 영양실조에 허덕이며 간단한 치료조차 받지 못한 채 죽어간다. 식량과 약품을 원조해주면 사망률은 현저하게 감소한다.

그런데 영아사망률이 급감하면 인구가 단기간에 폭발적으로 증가한다. 워낙 출생률이 높아 신생아의 생존도 힘겨운데 거두고 먹여야 할 아이들의 숫자가 증가하니 진퇴양난이다. 일시적인 원조가 오히려 더 큰 숙제를 남기는 셈이다. 죽어가는 아이들을 보고만 있을 수도 없고, 살려내려니 자원이 부족하다. 얼마나 슬픈 딜레마인가.

미국의 소설가이자 철학자인 아인 랜드(Ayn Rand)는 불쌍한 사람들을 도와주지 말아야 한다고 주장한다. 물고기를 주는 것도 구제이고, 낚시하는 법을 가르쳐주는 것도 구제다. 그녀는 당장 굶주린 이에게 물고기를 주어야 한다는 의견에 반대한다. 빈민 구제가 오히려 의존적 성향을 강화시킨다고 보고, 진정 그들을 위한다면 돕지 말아야 한다고 했다.

그녀는 극단적 이기주의만이 세상을 이끄는 힘이라며 자신의 소설을 통해 기부 행위는 나약한 자들의 위선이라고 비난했다. 그런데 미국의 한 기업가가 그녀의 소설 《아틀라스》를 "내 인생의 소설"이라고 칭하면서 학생들에게 이 책을 무료 보급하기 위해 거금을 희사했다. 이것은 수긍할 만한 아이러니였다.

아인 랜드는 "돈이란 모든 인간이 정신과 노력의 주인이라는 규범에 근거한 것"이라고 보았다. 그녀는 인간이 돈에 끌려 다니거나 소외되는 일이 없기를 바랐다. 또한 돈이 스스로의 정신과 노력을 바친 정당한 대가가 되기를 희망했다. 그녀는 정직한 사람이란 "내가 생산한 것 이상으로 소비할 수 없다는 것을 아는 사람"이라고 말한다. 노력 이상으로 잉여의 수익을 올린 이들에게 자신이 벌어들인 재화의 의미를 숙고하라고 권했다.

돕는 행위는 그 시기나 방식까지 적절하게 고려해야 선의가 제대로 전달된다. 《한비자》에 이 사실을 환기하는 흥미로운 이야기가 있다. 폭우가 쏟아지는 밤, 어느 노인이 무언가 무너지는 소리를 들었다. 나가보니 이웃집의 담장이 무너지고 있는데 정작 그 집의 가족은 아무것도 모르는 기색이었다. 다급하게 집주인을 부르니 부스스한 얼굴을 한 집주인이 나왔다. 담장이 무너졌다고 말하자 집주인은 몰랐다고 하면서 태평하게 하품을 하는 게 아닌가. 도둑이 담장을 밟고 들어올지도 모른다고 하는데도 주인은 괜찮다며 잠을 자러 들어갔다. 다음 날, 노인의 말처럼 도둑이 들어 전 재산을 털어갔다. 만약 당신이 집주인이라면 누구를 먼저 의심하겠는가.

주인은 담장이 무너졌다며 자신을 깨운 이웃집 노인을 수상히 여길 것이다. 그 노인의 행동거지를 유심히 살펴보거나 그 집에 갑자기 생긴 살림은 없는지 주시할지도 모른다. 한비자는 지나치게 말이 많았던 노인의 어리석음을 지적했다. 그 노인이 줄 수 있는 최선의 도움은 '당신 집 담장이 무너졌다'라는 말이다. '방치하면 집에 도둑이 들지 모른다'라는 소리는 자제했어야 한다. 한비자는 무지한 상대를 가르치려 들면 오히려 화를 자초한다고 말한다.[1]

누군가를 도울 땐 먼저 상대방이 도움을 요청해야 하고, 그가 원하는 시기와 방식에 맞추어야 한다. 이보다 앞서나가면 오히려 선의의 피해자가 될 수도 있다. 혹시 우리는 상대가 원치 않는데 내 기분과 의리를 앞세워 도움을 자청하고 있진 않은가. 자녀를 양육할 때에도 그렇다. '다 너를 위한 일이다'라는 명분으로 아이를 좌지우지하려 하는데, 이것이야말로 앞 이야기의 노인처럼 어리석은 행동이다. 이런 속담이 있다. "적을 만드는 최상의 방법은 초대받지 않은 충고를 하는 것이다(The best way of making enemy is to give uninvited advice)."

도움을 줄 때는
인정 욕구를 버려라

사람에게는 분명히 타인에게 인정받고 싶은 욕구가 있다. 헤겔은 인류의 역사는 인정투쟁의 역사라고 말했다. 인정투쟁은 주체로 인정받으려는 욕구를 충족하기 위해서 상호 인정을 요구하는 것이다. 어려운 사람을 도와주는 데에도 인정 욕구가 작동하는 이유는, 누구든 선한 행위로 다른 사람들에게 존경을 받고자 하는 욕망을 갖고 있기 때문이다. 그런데 욕망을 드러내면 오히려 인정을 덜 받게 되고 욕망을 감출수록 더 많은 인정을 받는다. 사람들은 거액의 기부자를 존경하지만 익명의 기부자를 더욱 존경한다.

최근 CSR(기업의 사회적 책임) 활동이 활발하다. 연탄을 나르느라 까매진 CEO의 얼굴이나 노숙자들에게 밥을 퍼주는 임원진의 모습이 언론에 노출된다. 그런데 환한 얼굴과 어색한 몸짓이 어쩐지 홍보용 사진처럼 보인다. 아무리 뛰어난 사진작가라도 진정성마저 꾸며낼 수는 없는 법이다. 도움이 필요한 곳에 다가가 왼손이 하는 일을 오른손이 모르게 하는 것, 이것이 진정한 의미의 도움이다.

우리는 왜 어려운 사람을 도와야 하는가? 질문 속에 답이 있다. 어려운 사람이기 때문에 도와야 한다. 같은 인간으로서 어려움에 처한 사람을 외면하고 부정할 수 없기에 도와야 한다.

● **생각해볼 문제**

1 성선설과 성악설은 서로 대립할 수밖에 없는가?

─────────────────────────────────────

2 남을 돕는 것은 항상 자기희생적인가?

─────────────────────────────────────

3 남을 돕는 것이 나에게 이로움을 주는 경우는 어떤 경우인가?

─────────────────────────────────────

4 기부나 봉사 활동을 공개적으로 하는 것과
　　비공개로 하는 것은 그 가치가 다른가?

─────────────────────────────────────

13

사람을 수단으로
이용하는 것은 부도덕한가

생물학적으로 고찰하면 인간은 가장 무서운 맹수이고
또한 같은 종족을 조직적으로 먹이로 삼는 유일한 맹수이다.

———————

W. 제임스

맞춤아기의
딜레마

이제 겨우 네 살 된 아이가 있다. 아이는 희귀 빈
혈증으로 골수 이식을 받지 않으면 오래 살 수 없다는 선고를
받는다. 안타깝게도 부모의 골수는 아이와 맞지 않는다. 아이
는 외동이라 형제도 없다. 백방으로 알아봤지만 적합한 골수를
찾지 못했다. 이대로 죽음을 기다려야만 하는가?

무거운 절망 속에서 부모는 조심스러운 결심을 한다. 아이를
한 명 더 낳기로 한 것이다. 사실 부부는 더 이상 아이를 낳을
생각은 없었는데 첫째 아이를 살리기 위한 '수단'으로 둘째 아
이를 낳기로 결정했다. 이른바 '맞춤아기'였다.

맞춤아기는 시험관 수정 기술을 통해 첫아이가 가진 질병의
유전자가 없는 정상적인 배아만을 골라 탄생시키는 아기다. 부

부는 이 방법으로 둘째 아이를 출산, 골수 이식수술을 했으며 현재 두 아이 모두 건강하게 자라고 있다. 해피엔딩 스토리다. 그런데 이 부부의 결정을 윤리적이라고 말할 수 있을까?

이것은 2002년 영국에서 커다란 논란을 일으킨 실화이다. 당시 영국 정부에서는 맞춤아기의 출산을 허락하지 않았고, 부부는 관련 법규가 없는 미국으로 건너가 출산을 했다. 결국 유전적 불치병에 걸린 아이를 치료하기 위해 유전자가 일치하는 동생을 인공수정으로 낳을 수 있었다.

6년이 지난 2008년, 영국의회는 세계 최초로 맞춤아기를 합법화하였다. 유전병 질환 자녀가 있는 가족들은 생명을 살릴 수 있는 길이 열렸다며 환영했다. 그러나 우려하는 의견도 적지 않다. 치료형 맞춤아기는 '디자이너 베이비(designer baby)' 또는 '스페어 베이비 (spare baby)'라고 불린다. 수정란 단계에서 유전자 이상이나 조직형 일치 여부를 검사하는데, 아픈 형제나 자매와 조직형이 일치하지 않으면 수정란은 폐기되기 때문이다. 생명을 살리자는 취지 안에서 생명이 취사선택되는 아이러니한 상황에 처한다.

이처럼 생명체가 한낱 수단으로 전락할 수 있으며, 맞춤아기의 존엄성과 인권이 훼손될 수 있다는 이유로 반대의 목소리가 여전히 높다. 형제의 생명을 살리기 위한 '수단'으로 사용된 또 다른 생명. 사람을 수단으로 사용하는 것은 부도덕한 일일까?

일반적으로 사람을 수단으로 사용하는 행위는 비윤리적이라 간주된다. 그런 까닭에 노예제도나 인신매매는 가장 비인간적인 행위로 비난받는다. 칸트주의자들은 아무리 좋은 결과가 따라온다 할지라도 인간을 수단으로 삼는 일은 결코 용납할 수 없다고 말한다. 본인의 동의가 없는 상황에서 사람을 주체로 생각하지 않고 보조적 수단으로만 사용하는 것이 그에 해당한다. 칸트는 절대로 다른 사람을 수단으로만 대해선 안 된다고 했다. 네 인격 안의 인간성뿐만 아니라 모든 사람의 인격 안의 인간성까지 결코 수단으로만 사용하지 말고, 언제나 동시에 목적으로도 사용하도록 그렇게 행위하라고 강조했다.[1]

사랑은 수단을 정당화한다?

영화 〈아일랜드〉는 미래 사회를 살아가는 클론들의 이야기이다. 그들은 완벽한 세상에서 철저히 통제를 받으며 살아간다. 아침에 일어나면 건강 상태를 점검받고, 음식과 인간관계에 이르기까지 완벽하게 조율된 환경 속에서 산다. 그들은 지구의 생태계가 파괴되었으며 유일하게 오염되지 않은 희망의 땅 '아일랜드'가 있다고 교육받는다. 그리고 추첨을 통해 선발된 클론은 아일랜드로 간다고 믿고 있었다. 모두 아일랜드로 떠나기를 바라지만 사실 그들은 인간에게 장기를 제공하기 위한 클론이었고, 아일랜드행은 장기 기증을 위해 무참히 죽음을 맞게 된다는 의미였다.

여기서 클론은 오로지 수단으로만 쓰인다. 자신의 의사와 상관없이 장기이식의 제공자가 되는 것, 그것이 클론의 존재 이유다. 이것이 클론과 맞춤아기의 다른 지점이다. 맞춤아기는 수단으로만 이용되지 않는다. 형제의 생명을 살리고 난 뒤에도 클론과 달리 폐기 처분되지 않는다. 가족의 일원으로 사랑을 받으며 살아간다. 부모가 첫째에게 주는 것과 같은 사랑을 쏟으리라는 믿음이 있다. 그 범위 안에서 맞춤아기가 허용된다.

칸트주의자들은 사람을 수단으로만 사용하는 행위는 도덕적으로 나쁘다고 보았다. 그러나 수단으로 사용한다고 해서 반드시 나쁜 것은 아니다. 맞춤아기 같은 경우는 생명을 살리기 위한 최선의 수단이었다. 맨 앞의 이야기에 나온 둘째 아기는 〈아일랜드〉에 나오는 클론과 달리, 형제를 살리고 부모의 사랑을 받으며 행복하게 자라고 있다.

신학자 조셉 플레처(Joseph Fletcher)는 무엇이 옳은지 옳지 않은지를 구분하는 유일한 기준은 사랑이라고 했다. 사랑만이 항상 선한 것이고 사랑은 그 수단을 정당화한다고 했다.[2] 그는 윤리의 절대성은 사랑뿐이며, 사랑을 떠나서는 무엇도 절대적인 가치나 절대적인 구속력을 갖는 법이 되지 못한다는 '상황윤리(Situation Ethics)'를 주장했다. 윤리적 가치들은 객관적으로 주어져 있는 것이 아니라 상황 속에서 의미를 얻는다는 것이다. 그의 철학에 따른다면, 아이의 생명을 살리기 위해 맞춤아기를 낳는 부모의 태도는 윤리적이다. 그들의 선택의 중심에는 '사랑'이 있기 때문이다.

어느 동성애자 커플이 있다. 두 남자는 아이를 간절히 원했다. 자신들의 DNA를 가진 아이를 낳고 싶었던 그들은 고민 끝에 신문에 광고를 냈다. 얼마 뒤 레즈비언 커플에게서 연락이 왔다. 그녀들 역시 아이를 원하고 있었다. 이 두 커플은 각자의 정자와 난자를 체외수정하여 그 수정란을 자궁에 착상시켜 두 아이를 출산했다. 그러고는 각각 한 명씩 아이를 데려가 양육하게 되었다. 미국에서 실제로 있었던 이 일 역시 진지한 질문을 남겼다. 이들의 계약은 도덕적일까?

부모들은 합의를 했지만 맞춤아기의 경우처럼 이들 사이에 태어난 아이들에게는 결정권이 없다. 그러면 이 아기들은 수단으로 이용당한 것인가? 칸트라면 당사자의 동의를 구해야 한다는 전제 하에, 동의 자체를 구할 수 없는 경우이므로 아이들이 수단으로 사용되었다고 할 것이다.

그러나 비단 이 커플들의 아이뿐 아니라 세상의 모든 아이들이 탄생에 대한 결정권 없이 태어난다. 그러니 단지 '당사자의 의사'만을 전제로 이들의 선택이 비윤리적이라고 단정 짓기는 어렵다.

결혼은 삶의 수단인가, 사랑의 선택인가

결혼을 사람을 수단으로 사용하는 제도라며 반대하는 사람들이 있다. 그들은 결혼이란 남성이 여성을 성욕을 채우기 위한 수단으로 생각하고 여성은 남성을 경제활동을 하는 수입원으로 생각하고 맺어지는 것이라고 주장한다. 이는 1960년대 여성운동 초기의 급진적 페미니스트들의 관점으로, 이들은 결혼이 '관계를 파괴하는 제도'이자 '노예계약'이라며 스스로도 결혼을 거부했다. 여성 차별이 당연시되던 1960년대, 결혼 제도를 반대하고 거부하는 것은 가히 혁명적인 태도였다.

페미니즘의 대모로 불리는 글로리아 스타이넘(Gloria Steinem)

도 그런 생각의 연장선에서 예순이 넘도록 독신생활을 유지했다. 그녀는 "나는 결혼이 좋은 평판을 갖고 있다고 생각하지 않는다. 법적 차원에서 결혼은 한 사람과 반쪽짜리 사람을 위한 것으로, 결혼 후 여성은 반쪽짜리 비인간으로 전락한다"라고 말했다.

《한비자》를 보면 위나라 시절, 딸을 시집보내는 아버지의 이야기가 나온다. 아버지는 충고한다. "반드시 아무도 모르게 재산을 챙겨놓아라. 남의 집 며느리가 된 여자들이 부지기수로 이혼당한다. 그러니 결혼생활 틈틈이 네 것을 챙겨라." 딸은 아버지의 가르침에 따라 기회 닿는 대로 재물을 챙긴다. 며느리가 들어온 뒤로 금고가 비어가자 이를 이상하게 여긴 시어머니는 예의 주시하기 시작한다. 그러다 현장에서 붙잡힌 며느리를 곧바로 쫓아내버린다.

딸은 시집에 가지고 간 것의 몇 갑절이나 되는 재산을 들고 친정으로 돌아온다. 친정아버지는 우쭐하며 자신의 통찰과 지혜를 자랑한다. "내가 뭐라 그러더냐? 그 집에서는 너를 쫓아낼 수 있다고 말했지? 챙겨놓기를 정말 잘했다."[3]

한비자는 마지막에 "지금 관직에 있는 자들이야말로 이런 무리들이다"라는 말로 사람과 자리를 모두 수단으로만 여기는 세태를 비판했다. 딸은 아버지의 조언에 따랐고 그로 인해 파경을 맞았다. 부녀는 결혼을 재물 축재의 수단으로 여겼을 뿐이다.

오늘날에도 《한비자》에 나오는 부녀 같은 이들이 존재한다. 정략결혼은 오늘날에도 분명히 있고 우리는 그런 결혼을 부도덕하다고 비난한다. 그렇다고 해서 급진적 페미니스트들의 주장처럼 결혼 자체를 부도덕하다고 말하는 사람은 드물다. 정략결혼에 대한 시선이 곱지 않은 이유는 거기에 사랑이라는 개념이 빠져 있기 때문이다. 그런 결혼이야말로 전적으로 상대방을 수단으로만 이용하는 결혼이다.

미국인 친구가 중매결혼을 말하면서 'marriage market'이라는 표현을 썼다. '결혼 시장'이라니 생각해보면 그럴듯한 표현이다. 중매는 양쪽의 조건을 우선적으로 고려한다. 결혼정보업체에서는 조건에 따라 사람의 등급을 정한다. 이로써 사람은 상품화되고 수단으로 취급된다. 이는 사랑이 아닌 조건부터 고려하고, 나를 행복하게 만들어주는 수단으로만 상대방을 보는 것이다. 물론 결혼정보회사에서 만나 잘 사는 부부도 있다. 그러나 배우자감을 선택할 때 조건부터 점검했기에, 조건이 맞지 않거나 훗날 조건이 달라질 경우 결혼이 유지되기 힘든 경우가 많다.

글로리아 스타이넘은 결혼을 하지 않겠다고 한 신조를 깨고 66세의 나이에 조촐한 결혼식을 올린다. 그녀는 결혼이 남녀가 평등한 제도가 될 만큼 시간이 흘렀기에 결혼한다고 밝혔다. 사랑을 기반으로 한 결혼이었다. 그녀의 남편 데이비드 베일(David Bale)은 사회운동가이자 기업가였고 배우 크리스천 베일의 아버지로 화제를 모으기도 했다. 그는 스타이넘과 결혼한 지 3년 만에 뇌임파종으로 사망했다.

데이비드 베일과의 결혼에 대해 스타이넘은 이렇게 말했다. "나는 그를 '남편'이 아니라 '내가 결혼한 친구'라고 불렀다. 당시 데이비드는 남아프리카공화국 출신으로 미국 영주권이 필요했고 뇌임파종을 앓고 있었다. 나와의 결혼으로 영주권은 물론 건강보험 문제까지 해결할 수 있었다. 모두를 행복하게 해준 결정이었다. 그는 2003년에 사망했지만 우리는 서로를 존중하며 행복한 결혼생활을 꾸렸다. 물론 결혼 전에 불행했다는 얘기가 아니다. 난 결혼 전에도 행복했다. 지금도 그렇고."

조직 내의
시소게임

많은 이들이 자신을 위해 타인을 수단으로 이용하며 인간관계를 이어나간다. 회사는 생산성을 높이기 위해 직원에게 복지

혜택을 제공한다. 직원은 임금을 높이기 위해 회사에 충성한다.

자신의 행복을 위해 서로를 수단으로 이용하는 경우에 대해 조금 더 민감하고 엄격해질 필요가 있다. 이를테면 술을 마시고 싶을 때 친구를 부르거나, 힘들 때 전화를 해서 하소연을 하는 행동을 어떻게 생각해야 할까. '윈-윈' 또는 '공생'이란 서로가 서로를 이용했는데 양쪽 모두 도움이 되는 상황이다. 반면 한쪽만 이득을 취한다면 이는 '착취'이다. 공생과 착취의 원리는 공적인 업무 관계나 사적인 관계에 공히 적용된다.

2014년 인기리에 방영된 드라마 〈미생〉에서 신입사원 한석율은 직속 상사인 대리 때문에 엄청난 스트레스를 받는다. 그 대리는 겉은 번지르르하지만 일도 안 하고 상사의 비위만 맞추는 인간이다. 자신의 과오는 한석율에게 덮어씌우고 한석율이 한 일은 자신의 공으로 만들어 과장에게 신임을 얻는다. 이에 한석율은 복수를 꾀하지만 대리는 상황을 역전시켜 되레 한석율이 과장에게 야단을 맞게 만든다.

직장에서 흔히 볼 수 있는 관계다. 후배의 실적을 가로채는 상사들, 직원을 소모품으로 여기는 사장들, 거래처의 약점을 쥐고 흔드는 기업들, 을에게 횡포를 부리는 갑들. 명백하게 한쪽이 착취당하는 상황이다. 특히나 조직 내에서의 시소는 평행을 유지하기가 어렵다.

서로가 서로에게 도움이 되는 윈-윈 관계, 한쪽이 착취를 당하는 일방적인 관계, 어떤 경우에서든 사람을 수단으로 이용하는 것은 부도덕한 것일까. '그렇다'라고 답하기도 어렵고 '그렇지 않다'라고 답하기도 어렵다. 사람을 수단으로 이용하는 문제는 자연적인 인간관계에서든 인위적인 비즈니스 조직에서든 하나의 정답으로 결론 내리기가 참으로 어렵다. 그래서 더욱 우리 일상에 철학적 사유가 필요한 게 아닐까 생각해본다.

1 다수에게 행복한 결과를 가져오는 목적을 위해 자기 자신을
수단으로 사용하는 것은 윤리적인가, 비윤리적인가?

2 비즈니스에서 윈-윈 하는 것 또한 상대방을 수단으로
사용하는 것이라 보아야 할까?

3 의도는 상대를 착취하고자 했는데 예상과 달리, 서로에게 모두
이익이 되는 결과를 얻었다면 이것은 착취인가, 윈-윈인가?

14

왜 탐욕을 부려서는 안 되는가

탐욕은 일체를 얻고자 욕심내어서
도리어 모든 것을 잃어버린다.

———————

미셸 몽테뉴

그 보너스는
정당한가

사람들이 집을 산다. 은행에서 대출을 받아 이자를 내가면서 무리해서 집을 마련한다. 좋은 집에 살고 싶기도 하겠지만 투자 목적이 더 크다. 마법처럼 집값이 뛰어오르고 대출 건수가 많아져 이윤이 늘어나니 은행도 신명이 난다. 대출받아 구입한 집값이 오르면, 대출을 갚는 게 아니라 그 집을 팔고 더 큰 집으로 옮겨 간다. 물론 더 큰 빚을 진다.

그런데 언제까지 이런 축제가 계속될 수 있을까. 축제는 집값이 계속 상승하는 기간까지만 허락된다. 어느 날 불꽃놀이는 끝나고 집값이 하락하기 시작한다. 모든 상황이 거꾸로 돌아간다. 집값은 바닥을 모르고 추락해 원금보다 더 떨어지고 만다. 부풀어 올랐던 거품이 꺼지니 삶이 순식간에 지옥으로 변한다. 대재앙이 닥친 것이다. 이것은 2008년 세계 경제를 휘청이게 만든 서브프라임 모기지 사태에 대한 나의 소박한 이해다.

당시 AIG라는 미국 유수의 보험회사가 부도 위기에 처했다. 금융 회사가 부도가 나면 그 회사 임직원은 당연히 큰 손해를 입는다. 퇴직금도 받지 못한다. 피해는 거기에서 그치지 않는다. 그 회사에 돈을 맡긴 수많은 고객들의 돈이 일순간 허공에 뜨고 만다.

이에 정부는 울며 겨자 먹기로 공적자금을 투입할 수밖에 없었다. 고위험 파생상품을 잘못 관리해서 회사를 위기로 몰아간 것에 대한 경영책임을 묻기 전에 고객들이 입을 엄청난 피해를 우려한 결정이었다.

그런데 얼마 후, AIG 임직원들이 보너스 파티를 벌인다는 소식이 전해졌다. 조지 부시(George Bush) 대통령이 구제금융 지원액으로 1,730억 달러를 지원했는데, 그 회사에서는 위기를 자초한 부서의 임직원들에게 1억 6,500만 달러를 지급하였다. 그 외 73명의 직원들도 100만 달러 이상의 돈을 지원받았다.

보너스 지급에 반대하는 사람들은 세금으로 사기업의 임직원에게 거대한 보너스를 지급하는 것은 부당하며, 실패한 경영자는 보너스를 빋을 자격이 없다는 논리를 내세웠다. 이에 반해 보너스 지급에 찬성하는 사람들은 보너스에 대한 약속은 위기 이전에 이미 정해졌고, 보너스 대상에는 위기를 극복하기 위해 투입된 인력들도 많이 포함되어 있다는 주장을 펼쳤다.

이 양측의 논리에 대해 당신은 어떤 의견을 가지고 있는가? 실패한 경영자가 세금으로 보너스를 받는 것은 적합한가, 부당한가? 부도 직전에 정부의 구제금융으로 기사회생한 회사의 임원들 보너스를 세금으로 주는 것이 정당하다고 생각하는가? 위기 발생 직전에 회사를 떠난 경영자가 받은 보너스는 회수하는 것이 정당한가?

탐욕의 정체를
알 수 있는 방법

서브프라임 모기지 사태로 전 세계가 월스트리트를 비난했다. 한 미국 유력 일간지의 헤드라인에는 'GREED', 즉 탐욕이라는 글자가 대문짝만하게 찍혔다. 모두가 월가의 탐욕을 질타했다. 그런데 사태의 '주범'으로 지목된 그들은 태연했다. 일부는 마지못해 수긍하기도 했지만 대부분의 월가 금융인들은 자신의 탐욕이라고 인정하지 않았다. "우리는 룰에 따라서 행동했을 뿐이다. 시장경제의 기본 원칙에 위배되는 계약을 한 적이 없다. 사람은 누구든지 실수를 할 수 있는 법이다. 이번에는 운이 좋지 않았다." 탐욕의 진짜 문제는 자신이 탐욕스럽다는 사실을 모른다는 데 있다. 남의 탐욕은 잘 보지만 자신의 탐욕은 전혀 보이지 않는다.

학생들에게 종종 물어본다. "누군가 탐욕을 부리는지 아닌지를 어떻게 알 수 있을까요?" 이 질문에 가장 많이 나오는 대답이 있다. "자신이 소화할 수 없을 정도로 과도한 것을 추구하면 탐욕입니다." 나는 다시 묻는다. "꿈은 크게 가지라고 했습니까, 작게 가지라고 했습니까?" 이쯤 되면 학생들은 질문의 의도를 파악한다. 작은 목소리로 "크게요"라고 대답하는 학생도 있고 아예 답을 하지 않는 학생도 있다. 자신의 생각이 틀렸다는 걸 인정하고 싶지 않다는 뜻이다. 꿈은 분명히 크게 가지고 살아가야 한다. 꿈은 높은 목표와 같은 말이다. 저 높은 곳에 세워놓은 목표를 따른다고 해서 모두 탐욕스럽다고 단언할 수는 없다.

그러면 탐욕의 정체를 어떻게 알 수 있을까. 자신이 지금 탐욕을 부리고 있는지, 그저 높은 곳에 있는 목표를 좇고 있는지 알고 싶다면 조용히 자문해보라. 내가 정한 목표가 이루어진다면 누기 좋아할 것인지를. 혹시 나만 좋나는 답이 나온다면 탐욕을 부리고 있는지도 모른다. 목표의 크기가 문제가 아니다. 나 자신만을 만족시키기 위한 욕심, 그것이 탐욕이다.

탐욕과 쾌락,
절제와 추구 차이

철학사는 경쟁학파 간의 교류와 논쟁 속에서 흘러왔다. 고대에는 인간이 행복해지는 방법을 놓고 스토아학파와 에피쿠로스학파, 두 유파가 충돌했다. 이들은 각기 다른 방식으로 행복을 추구했다. 스토아학파는 욕망이 모든 죄악의 근원이라고 여겼다. 심중에 있는 끊임없는 욕망이 인간을 불행으로 이끄는 주범이니, 욕망을 절제하지 않으면 영원한 행복을 찾을 수 없다고 했다. 쾌락은 추구하면 할수록 더한 것을 원하게 되니 욕망을 제어하는 것이 삶의 지혜라고 주장했다.

먼 옛날에 국사(國事)에 시달리며 사는 임금이 있었다. 연일 격무와 중압감에 한시도 마음이 편치 않았다. 하지만 어느 것 하나 소홀히 할 수가 없었다. 만 가지 나랏일을 책임지고 결정해야 한다는 사실도 그렇거니와 문제가 발생하면 불만이 드러나고 그것이 쌓이면 민심이 동요한다. 임금은 늘 좌불안석이었다. 이발사에게 이발을 맡기는 휴식의 순간에도 머릿속이 복잡하기만 했다.

어느 날 임금은 이발을 하러 갔다가 이발사가 부르는 콧노래를 들었다. 생각해보니 이발사는 늘 흥얼거리며 즐거워하고 있었다. 불현듯 이런 의문이 생겼다. '내가 저 이발사보다 무엇이 부족한가. 천하를 가진 나는 이렇게 노심초사하는데 저자는 왜 저리도 행복해 보일까.'

이발사가 물러간 자리에서 임금은 신하들에게 묻는다. "여봐라. 이발사가 즐거워하는 연유를 도무지 알 수가 없구나. 내 이발사만 보면 심기가 불편하거늘 저자를 불행하게 만들 방도가 없겠느냐?" 한 신하가 간단한 방법이 있다고 말한다. "이발사에게 아흔아홉 냥을 주시면 됩니다. 그때부터 저자에게는 불행이 당도할 것입니다." 임금은 반신반의하며 그렇게 하도록 명한다.

놀랍게도 그 이후 이발사는 더 이상 콧노래를 부르지 않았다. 표정이 심각하고 어두워졌다. 그는 나머지 한 냥을 더 채워 백 냥을 만들고픈 욕망에 사로잡혔다. 온종일 그 생각이 떠나지 않았다. 그러나 뜻대로 이루어지지 않자 끝내 불행에 빠지고 말았다.

욕망은 불행의 근원이다. 소금물을 들이키면 갈증이 더해지듯 가지게 되면 더 가지고 싶어지는 것이 욕망의 법칙이다. 바로 스토아학파가 경계한 탐욕이다.

그런데 에피쿠로스학파는 쾌락을 추구하라고 말했다. 이는 스토아학파가 경고하는 감각적인 쾌락이 아닌 정신적인 쾌락이다. 그들이 말하는 최고의 행복은 안심입명(安心立命)의 경지다. 정신적 쾌락은 자신의 마음 상태를 차분하게 만드는 것으로, 육체적 쾌락과 반대편에 놓여 있는 가치다.

스토아학파와 에피쿠로스학파를 나란히 두면 진정한 행복에 이르는 길이 보인다. 그것은 탐욕을 절제하고 정신적 쾌락을 추구하는 것이다.

함께할 친구와
밧줄이 필요하다

세상에서 제일 잡기 쉬운 쥐는 무엇일까? 정답은 '독 안에 든 쥐'이다. 이 난센스 퀴즈는 상상력을 유발한다. 상상은 이 질문에서 시작한다. 그 쥐는 어쩌다가 잡힐 수밖에 없는 독 안에 들어가게 되었을까?

쥐는 처음부터 빈 독에 들어간 것이 아니었다. 그때는 쌀이 가득 찬 독이었다. 쥐는 아무한테도 알리지 않고 혼자 먹으면

일 년은 포식하리라 여기며 황홀하게 먹이를 탐한다. 먹어도 먹어도 쌀은 넘쳐난다. 그렇게 한참을 배를 불리다가 문득 머리 위를 쳐다보니 항아리 입구가 하늘에 닿아 있다. 펄쩍 뛰어보지만 소용이 없다. 그제야 쥐는 탄식한다. 누구도 등을 떠밀지 않았다. 제 발로 독 안에 들어가 세상에서 가장 잡기 쉬운 쥐가 되어버렸다. 쥐는 누구를 원망할 것 없이 스스로의 탐욕을 인정해야 했다.

오직 사람만이 자신의 탐욕을 인정하지 않는다. 짐승은 배가 부르면 사냥을 멈추지만 인간은 배가 불러도 음식을 먹는다. 식탐은 말 그대로 음식에 대한 탐욕이다.

탐욕을 알고 인정한 후에 다시 탐욕을 부리지 않으려면 어떻게 해야 할까. '내려놓으라'는 경구가 있다. 비워라, 버려라, 모두 동궤에 놓인 말들이다. 듣기에는 그럴듯하지만 행하기에는 막연하다. 자칫 책에 갇힌 고루한 격언처럼 들릴 수 있다. 현실과 동떨어진 충고 같아서 오히려 실천하기를 멈추게 된다.

그렇다면 내가 설정하는 목표에 타인의 행복도 함께한다면 어떤 일이 일어날까. 내 목표가 크게 달성될수록 다른 사람의 행복도 동시에 증진될 것이다. 다시 독 안에 든 쥐 이야기를 떠올려보자. 쌀이 가득한 독을 보고 그냥 지나칠 수 있느냐는 질문에 대한 아니라는 대답은 인간적이고 솔직하게 느껴진다. 독 안에 든 쥐 신세를 면하면서 쌀을 다 먹을 수 있으려면 친구와 밧줄이 필요하다. 빈 독에 갇히기 전에 밧줄을 내려줄 친구가 있으면 된다. 친구는 가득 찬 쌀을 아낌없이 나눠 먹을 수 있는 존재다. 친구와 밧줄이 없다면 아예 쌀을 먹을 엄두를 내서는 안 된다. 혼자 다 먹겠다고 한다면 이는 독 안에 든 쥐가 되겠다고 나서는 형국이다.

자신의 목표에는 반드시 타인의 행복도 포함되어 있어야 한다. 조직도 마찬가지다. 어떤 조직의 목표가 구성원들의 편의와 행복만을 위해 설정되었다면 이는 탐욕스러운 조직이다. 더불어 살기 위한 목표, 더불어 행복하기 위한 목표야말로 당신 스스로를, 당신이 속한 조직을 살려줄 수 있는 밧줄이다.

세상이 문제인가, 나의 욕심이 문제인가

온종일 굶주린 떠돌이 개가 있었다. 힘없이 돌아다니는데 다리 건너편에 놓인 생선 한 마리가 보인다. 다른 개들이 채가기 전에 서둘러야겠다 싶어서 달려가 덥석 물었다. 집으로 가져가 혼자 먹을 요량에 흥겹게 다리를 건너던 개는 물 위에 또 다른 물고기가 떠 있는 것을 발견한다. 생선이 탐이 났던 개는 그마저 낚아채려고 입을 쩍 벌린다. 그 순간 자신의 입에 물려 있던 생선 덩어리가 물에 빠지고 만다. 새것도 못 먹고, 가진 것마저 잃고 말았다. 낭패를 본 개는 그제야 물 위의 생선이 자신이 입에 물고 있던 생선이 비친 형상이었음을 깨닫는다.

널리 알려진 《이솝우화》 속 어리석은 개의 이야기다. 그래도 이 개는 자신의 탐욕이 문제였다는 걸 깨달은 덕에 현명한 개가 된 셈이다. 상실을 통해서만 얻게 되는 진실이 있지 않은가. 책임이 자신에게 있음을 알게 되었으니 나름 인생 공부를 한 것이다. 그런데 실상 우리는 같은 실수를 반복하곤 한다. 우린 다음번엔 다리에서 생선을 놓치지 않을 수 있을까. 아니, 생선을 빠뜨리고 난 뒤에도 왜 빠진 줄 알기는 알까.

우리는 자신의 탐욕이 불행을 자초했는데도 문제의 원인을 외부에서 찾곤 한다. "그때 시장 상황이 너무 안 좋았어" "그 사람만 아니었더라면 내가 지금쯤 이렇게 되지는 않았을 텐데" "일이 그렇게 될 줄 누가 알았겠어." 이렇게 세상 탓을 하는 사람은 발전할 수 있는 또 다른 기회를 놓치는 것이다. 아니, 놓치고 있다는 사실조차 모를 것이다. 자신에게 아무 잘못이 없다고 확신하기에 불행의 원인을 타인이나 환경 탓으로 돌린다. 그러니 다음에도 같은 잘못을 반복할 확률이 높다. 스스로 가장 능동적으로 고칠 수 있는 대상은 바로 자신의 내면이다. 그러므로 무엇보다 자신의 탐욕을 통제해야 한다. 탐욕은 불행의 주범이다.

● 생각해볼 문제

1 어떤 경우에 탐욕을 부리게 되는가?

2 큰 꿈을 꾸는 사람은 목표에 집착하는 것인가?

3 탐욕에 빠지지 않도록 자신을 경계하는 가장 좋은 방법은
   무엇인가?

15

모든 것이 결정된 세계에서
나는 자유로운가

인간이란 자기의 운명을 지배하는
자유로운 자를 말한다.

───────

칼 마르크스

나는 이렇게 되게끔
정해져 있었나

　　범죄자와 범행 시간 및 장소를 예측한 특수경찰이 현장에 출동한다. 그들은 범죄를 저지르기 직전으로 예측되는 순간, 예비 범죄자를 체포한다. 영화 〈마이너리티 리포트〉에는 이렇게 범죄자를 예측, 단죄하는 최첨단 치안 시스템인 프리크라임(precrime)이 등장한다. 이 영화는 모든 것이 결정되어 있다는 세계관을 전제로 한다. 그 시각 이후 그가 범죄를 저지른다는 사실이 '정해져' 있기에 그를 체포한다. 아무도 해를 입지 않았고 죄를 짓지 않았는데도 그는 체포된다.

　〈마이너리티 리포트〉의 세계에서는 '결정돼 있다'는 것과 이를 '예방할 수 있다'는 생각이 함께 존재한다. 사실 이 둘은 모순이다. 예방이 가능하다는 것은 결정되어 있지 않다는 것 아닌가? 점쟁이의 점괘와 같은 말이다. "마흔이 되기 전에 죽을 팔자야." "죽는다고요? 방법이 없나요?" "있지. 500만 원이면 돼. 이 부적을 갖고 다니면 살 수 있어." 죽음이 결정되어 있다고 하면서 돈으로, 부적으로 팔자를 바꿀 수 있다니, 성립되지 않는 논리다. 만사가 결정되어 있다면 어떻게 미리 막을 수 있다는 말인가.

'모든 것이 결정되어 있다'라는 말에는 두 가지 관점이 있다. '숙명론'과 '결정론'이다. 숙명론에 따르면 인간은 자유로울 수 없다. 이미 정해진 외길로만 가야 하기 때문이다. 결정론에는 자유가 보장된다. 어떤 일이 일어났을 때 몇 가지 선택지가 있고 선택은 내 몫이기 때문이다. 물론 선택권은 제한적이지만 그 안에서 나는 의지를 발휘해 자유롭게 선택할 수 있다.

점쟁이들은 숙명론을 주장한다. 숙명론은 운명의 힘이 인간사를 지배한다는 소박한 신앙에 기반한 것으로, 종교적인 색채를 띤다. 개개인의 삶뿐 아니라 과거·현재·미래라는 시간, 나아가 우주의 모든 역사를 신이 결정하고 운용한다. 따라서 인간은 자신의 미래를 전혀 예견할 수 없다. 숙명론은 결정론과 혼동되어 사용되지만 사실 그 궤를 달리한다. 결정론자들은 만사에는 그에 따르는 원인이 있고, 그 원인에 따라 어떤 조건 아래서 어떤 결과가 일어난다고 생각한다. 숙명론자는 '오늘 내가 이렇게 사는 건 팔자소관이다'라고 생각하는 반면 결정론자는 '나는 오늘과 같은 모습일 수도 있고 다른 모습일 수도 있지만, 오늘 같은 모습이 된 데에는 다 이유가 있어서다'라고 말한다.

여기 a → b → c → d의 순서로 이어지는 사건이 있다. 숙명론에 따르면 a에서 d로 가는 길은 무조건 하나밖에 없다. a 다음에 b를 지나, 그 다음은 c, 마지막은 d이다. 그러나 결정론은 d로 이어지는 경로가 a → b′ → c″ → d의 형식이 될 수도 있다. a에서 시작해 d로 끝난 것은 같지만 각각의 순간에 몇 가지 선택의 여지가 있고 그로 인해 다음 경로가 이어진다. 무조건 d라는 결과로 갈 수밖에 없는 것이 아니라, 순간순간의 결정이 원인이 되어 d라는 결과가 도출된다.

나는 지금 열심히 공부를 하고 있다. 공부에 매진하는 까닭은 지난번 시험 결과가 좋지 않았기 때문이다. 지난 시험 전날 그만 게임에 빠지고 말았다. 친구의 유혹에 넘어가버렸기 때문이다. 결정론자들이 사소한 일상을 해석하는 방식이다. 결정론자는 나의 선택에 의해 다음 일들이 결정된다고 생각하며 자기 현실에 대한 인과관계를 탐색한다. 숙명론자는 나는 처음부터 게임을 하기로 되어 있었고 시험을 잘 못 보게 정해져 있다고 치부한다.

모든 원인은
나에게서 비롯된 것

결정론은 다시 '결정론'과 '자유론'의 두 가지로 분류된다. 앞서 말한 대로 결정론은 인간의 행위를 포함하여 세상의 모든 일들은 우연이나 선택의 자유에 의한 것이 아니라, 일정한 인과관계의 법칙에 따라 결정된다고 본다. 반면 자유론 혹은 자유의지론은 인간의 행위는 상당 부분 물리적·심리적 법칙 등 자연 법칙에 지배를 받지만, 인간의 의지가 어떤 행위의 선택과 결정을 가능하게 한다고 주장한다.

스스로 '자(自)', 말미암을 '유(由)'. 자유. 자유의 뜻을 풀이해보면 '원인이 자기한테 있다'는 의미다. 외부에 의해서가 아니라 나로부터 비롯하는 것, 그것이 자유다. 모든 것이 결정된 세계에서는 나로 말미암아 일이 시작될 수 없다. 자유로운 상태 안에서만 우리는 스스로에게 책임을 물을 수가 있다. 자유의 문제와 책임의 문제는 항상 궤를 같이한다. 바꾸어 말하자면 자유롭지 못하다는 것은 책임을 물을 수도 없다는 뜻이다. 교통사고가 났을 때 우리는 책임을 자동차가 아닌 운전자에게 묻는다. 왜냐하면 인간만이 자유로운 의지로 운전을 할 수 있기 때문이다.

만사가 결정된 상황에서도 나는 자유롭다고 느낄 수 있다. 단, 실제 상황에 대해 무지한 경우에만 해당한다. 영화 〈트루먼 쇼〉의 주인공 트루먼은 감시카메라 아래서 살아가지만 정작 그 자신은 모든 선택의 여지가 주어졌고 자유롭다고 착각하며 살아간다. 트루먼은 혹 우리 자신의 모습은 아닐까. 인간도 뿌리가 땅에 박힌 나무처럼 자유롭지 않은데 내 인생은 하늘을 향해 열려 있다고, 착각 속에 살아가는 건 아닐지.

철학자 대니얼 데닛(Daniel Dennett)은 저서 《자유는 진화한다》에서 자유의지라는 것, 우리가 자유롭다고 느끼는 것은 착각이라고 주장한다. 미래는 무한대로 열려 있어야 한다고 생각하지만, 그럴 수 없는 것이 현실이라고 말한다. 제한되어 있음에도 무엇이든 의지대로 할 수 있다고 생각한다는 의미에서 자유는 착각이라는 것이다. 그는 말한다. "자유의지는 우리가 숨 쉬는 공기와 같으며, 우리가 가고자 하는 거의 어디에나 존재하지만 영구적인 것이 아니며, 진화했고 지금도 진화하고 있는 것이다. 우리 행성의 대기는 단순한 초기 생명체들의 활동 결과 수억 년에 걸쳐 진화했으며, 그 결과로 가능해진 더 많은 복잡한 수많은 생명체들의 활동에 반응하여 지금도 계속 진화하고 있다."[1]

결정론과 자유론은 라이프니츠(Gottfried Wilhelm Leibniz)의

예정조화설에 이르러 다시 충돌한다. 신학자 아우구스티누스 (Aurelius Augustinus)는 다음과 같은 비유를 통해 '하느님은 미래를 다 알 수 있다'는 사실을 설명한다. "산 위에 올라가보라. 저 아래 길을 걷는 한 사람의 나그네가 보인다. 위에서 내려다보면 그가 이윽고 어느 비탈을 지나고 어느 굽이를 돌게 될 것인지 짐작할 수 있다. 하나님은 다 보고 계신다." 칼빈주의자들은 구원받을 사람은 하나님의 뜻에 의해 이미 예정되어 있다고 말한다. 구원이 하나님의 뜻에 따라 이미 정해져 있다면 어떤 개인의 신앙 여부도 미리 결정되어 있는 것이다.[2] 이것이 예정조화설이다.

그런데 이에 대해 반론이 제기되었다. "내가 선택받았다면 교회에 안 나가도 천국에 갈 것이고, 내가 선택받지 못했다면 교회에 나가도 천국에 가지 못할 것 아닙니까." 이렇게 말하는 사람들에게 사제들은 설득했다. "하나님은 아무나 선택하지 않습니다. 당신이 열심히 교회에 나오고 하나님 뜻대로 살아간다면 바로 선택받았다는 증거입니다."

그러나 여기에도 논리적 모순이 발생한다. 교회에 열심히 나온다고 해서 이미 받은 선택이 바뀔 수 있다는 건 논리적 모순이다. 하나님에 의해서 선택됐다는 원인이 천국에 간다는 결과를 만들어낸다. 그리고 천국에 간다는 사실을 증명하기 위해

교회에 출석해야 한다는 논리다. 그런데 원인은 시간적으로 결과보다 앞선다. 그러니 결과를 움직여서 원인 또한 움직이겠다는 말은 논리상 모순이다.

인생의 시나리오를
쓰는 힘

잘 알려진 '궁즉통'이라는 말은 《주역(周易)》의 "궁즉변 변즉통 통즉구(窮則變 變則通 通則久)"에서 유래한다. 궁하면 변하라. 변하면 통하리라. 통하면 영원하리라.[3] 그런데 영원해 보이는 것들도 때를 다하면 다시 궁해지기 시작한다. 끝없는 반복이다. 천 년 가는 왕조가 없지 않던가. 결국 부패하고 침체하여 다시 궁하게 되면 변하고자 하고, 해법이 나와 오랫동안 유지되다가 또다시 궁해진다. 이것이 《주역》이 보는 세계관이다. 세계는 순환하며 일정한 패턴을 가지고 변한다.

오스트리아의 경제학자 카를 멩거(Carl Menger)는 "이 세상에 범죄자는 없다. 오직 치료받을 환자만 있을 뿐이다"라고 말했다. 멩거는 아동학대자 역시 피해자라는 관점에서 바라보며 그런 유형의 인간이 나오게 된 사회적 환경에 주목했다. 범죄자의 삶을 추적하면 죄를 저지른 원인이 드러난다. 아동학대자들 가운데는 어렸을 때 학대당했던 사람이 대다수였다. 멩거는 아동학대자를 처벌하는 데 그치는 것이 아니라 치료해야 한다고 말한다. 범죄자의 자유의지 이전에 범죄를 저지를 수밖에 없는 환경에 주목하라는 결정론에 근거한 이야기다.

하지만 멩거는 인간이 지닌 자유의지의 가능성을 협소하게 바라본 경향이 있다. 물론 사회적인 환경이나 성장 배경을 주목할 수는 있지만, 범죄에 대한 책임은 최종적으로 범죄자 개인에게 있다. 법은 피해자를 보호해야 하고 범죄자는 응당 대가를 치러야 한다. 범죄자 역시 환자이고 죄의 원인은 환경 때문이라고 한다면 책임 소재가 불분명해질 우려가 있다.

삶이 한 편의 영화라고 한다면 시나리오 작가가 따로 있는 것일까? 이야기는 정해져 있을까? 우리는 정해진 역할만을 담당하는 배우일까? 결정론에 따르면 작가가 따로 있고 우리는 정해진 길을 가는 배우일 뿐이다. 배우에게는 책임도 없다. 영화 속 살인자에게 실제 살인죄를 물을 수 없는 것처럼 정해진 운명대로 움직이는 배우에게 책임을 물을 수 없다.

하지만 우리는 인생의 배우이자 동시에 작가가 아닐까? 인생은 대본이 없는 연극이다. 하루하루 단 1회만 공연되는 즉흥극이 바로 우리네 인생이다.

모든 꿈이 다 이루어질 수는 없지만 우리에게는 꿈을 향해 나아가는 의지가 있다. 우리의 손에는 저마다의 대본이 주어져 있고 상황에 맞춰 고쳐나갈 권한과 책임이 있다. 그리고 의지를 발휘한 끝에 열매 맺는 성취와 감동이 있다.

● **생각해볼 문제**

1 나의 현재를 결정하는 것은 과거인가, 미래인가?

2 나의 삶을 지배하는 기본 법칙이 있다면 무엇인가?

3 모든 것이 결정되어 있다면, 개인의 의지보다 운명의 힘이
   강한 것이니 개인에게 잘못을 물을 수 없는 것일까?

4 모든 것이 결정되어 있음에도 불구하고,
   내 행위에 대해 내가 책임져야 하는 경우가 있는가?

16

왜 역지사지가 필요한가

나는 사람의 행동을 경멸하거나, 탄식하거나, 비웃지 않고
그저 그들을 이해하려고 했다.

————

스피노자

생각의 전환이 가져오는
변화

속담 중에 "너의 발을 다른 사람의 신발에 넣어 보아라(Put your foot into other's shoe)"라는 것이 있다. 남의 입장이 되어보라는 역지사지(易地思之)를 이르는 말이다. 역사상 가장 널리 퍼져 있는 삶의 법칙 중의 하나가 황금률이다. "무엇이든지 남에게 대접받고자 하는 대로 너희도 남을 대접하라."(「마태복음」 7장 12절) 예수의 말은 적극적 황금률이다. 타인에게 먼저 다가가 적극적으로 행할 것을 권하고 있다. "남이 너에게 하면 싫은 것을 너도 남에게 하지 말아라(己所不欲勿施於人)." 공자가 《논어》에서 이른 말은 소극적 황금률이다. 타인이 해를 입을 일을 하지 말라는 것이다. 적극적이든 소극적이든 황금률의 법칙 바탕에는 사람은 모두 동일한 존재라는 평등사상이

깃들어 있다.

천국과 지옥에서 음식 먹는 광경은 잘 알려진 비유다. 사람들이 자신의 팔 길이보다 더 긴 젓가락으로 밥을 먹는데 지옥에서는 음식이 입에 들어가지 않아 아수라장이다. 천국에서도 긴 젓가락을 사용하지만 아무 문제가 없다. 음식을 서로 먹여주기 때문이다. 이렇게 간단한 이치를, 현실에서는 실천하기가 참으로 어렵다. 그 이유에 대해 모두 이같이 말한다. "나는 그 사람한테 떠먹여줬지만 상대한테 돌아오는 게 없으면 어떡합니까? 나만 바보 되는 거 아닙니까!"

미국의 어느 제약회사는 자기 것만 챙기느라 급급한 부서 간 이기주의 때문에 운영상 어려움을 겪고 있었다. 사장은 부서 간에 협조가 잘되지 않자 부서장들을 모아놓고 이와 같이 공지했다. "다른 부서에서 업무 협조 온 사안에 대해서 자기 부서 업무에 우선해서 처리하시오." 그러자 서로 다른 사람 입에 먼저 떠먹여주기 시작했다. 모두에게 공동으로 떨어진 명령이었기에 각 부서장들은 부서원에게 공지했다. "다른 부서원이 업무 협조한 사안에 대해서는 자기 업무에 우선해서 처리하시오."

남이 나에게 해주기를 바라는 것, 그것은 바로 업무 협조였다. 사장은 황금률의 법칙, 여지사지의 원칙에 근거해 그 무엇보다 타 부서와의 업무 협조를 강조했던 것이다. 리더가 윗선에서 공지한 그 한마디가 조직을 지옥에서 천당으로 바꾸었다. 같은 사람이 같은 조직에서 같은 일을 해도 어떻게 생각하느냐에 따라서 그 조직은 지옥이 되기도 하고 천당이 되기도 한다.

생각이 조직을 바꾼다. 대부분의 사람들은 구성원이 바뀌어야 조직이 변화한다고 말한다. 하지만 새로운 사람이 와도 생각이 바뀌지 않으면 조직은 결코 바뀌지 않는다.

입장을 바꿔보는 것만으로는 부족하다

역지사지에는 상상력이 필요하다. "할아버지, 왜 그렇게 늦게 준비하세요?" 함께 외출하자고 해놓고 느릿느릿 준비하는 할아버지에게 손자가 볼멘소리를 한다. 젊은이가 노인을 이해하기 위해서는 상상력을 발휘해야 한다. 노년유사체험(Age simulation)이라는 프로그램이 있다. 30킬로그램이 넘는 옷을 입고 앞이 뿌연 안경을 쓰고 움직이게 한다. 이렇게 노인의 상태를 가늠케 하는 기구를 착용하고 나면 몸이 마음처럼 움직여주지 않는다. 볼펜을 잡을 때도 손이 떨리고, 표지판을 읽기도 쉽지 않다.

이렇게 물리적인 변화를 체험한 뒤에야 겨우 노인의 입장을 이해할 수 있을 만큼, 역지사지는 쉽지 않다. 아이러니한 것은 노인의 복지시설을 위한 입안자가 노인이 아니라는 사실이다. 노년유사체험을 통해 한 제약회사의 임직원은 황반변성으로 실명 위기에 처한 노인의 심정을 이해할 수 있게 되었고, 어느 복지사는 진정한 노인 친화 환경이 무엇인지 생각하게 되었다고 말했다.

역지사지를 한다 하여도 사람은 자신의 관점을 넘어서기 힘들다. 시위하는 백성을 보며 마리 앙투아네트(Marie Antoinette)는 "빵이 없으면 케이크를 먹으면 되지"라는 유명한 말을 남겼다. 힘든 직원들을 격려하겠다며 회식을 3차까지 이끌고 끝까지 자리를 지키는 사장이 있다. 직원을 위한 배려였다고 하지만 정작 직원들은 피곤하다. 차라리 보너스가 더 반가웠을 것을, 결국 아전인수 격인 역지사지가 되고 말았다.

거울로 나를 비춰본다 해도 우리 눈에 비친 것은 왼쪽과 오른쪽이 바뀐 모습일 뿐이다. 니체는 인간은 자기의 관점에서만 세상을 바라볼 수 있다고 말했다. 세계에는 체계와 논리 대신 관점에 따른 다른 전망이 있고, 이 전망은 모순되기도 한다. 개개인이 해석에 따라 수많은 입장과 전망이 있다는 니체의 관점주의는 역지사지의 맹점을 지적한다.[1] 아무리 상대의 입장이 되어본다고 한들 자신의 관점을 넘어설 수 없다는 의미다. 인간은 자기 관점으로만 세상을 바라보기 때문에 제대로 된 진실은 파악할 수 없다.

칸트는 역지사지, 황금률의 법칙을 비판했다. 사람은 타인의 이익과 반대되는 것을 원할 수도 있고, 스스로가 불행해지거나 이익이 되지 않는 것을 원할 수도 있다고 보았다. 칸트는 사람들은 타인에게 친절을 베푸는 일이 자신들에게 면제될 수 있다면 타인이 자신에게 친절하지 않은 것에 기꺼이 찬동할 것이며, 범죄자도 같은 이유에서 자신을 처벌하려는 판사에게 항변할 수 있다고 말했다. 즉 황금률에 의하면 범죄자가 황금률의 법칙을 내세우며 무거운 형량을 내린 판사에게 형량을 낮추어달라고 당당히 요구할 수도 있다는 것이다.

이런 점에서 칸트는 도덕적인 판단을 내릴 때 스스로를 상대방의 입장과 바꾸어보는 것만으로 충분하지 않으므로, 황금률을 가지고는 인간의 옳고 그름에 관한 문제를 근원적으로 해결하지 못한다고 보았다.[2]

먼저 다가가고,
먼저 인정하라

조직 생활을 하다 보면 유난히 마음의 문을 열지 않는 사람을 보게 된다. 이런저런 방법을 강구해보지만 여전히 닫혀 있으니 왜 내 마음을 몰라주는지 원망스럽다. 이럴 때 반드시 떠올려야 할 질문이 있다. '나 자신의 문은 그 사람을 향해서 열려 있는가?'

헤겔은 마음의 문을 여는 손잡이는 마음의 안쪽에만 달려 있다고 말했다. 다른 사람 마음의 문을 밖에서 억지로 열려고 하면 문이 부서지고 만다. 다른 사람 마음의 문을 여는 방법은 한 가지밖에 없다. 내 마음의 문을 그 사람을 향해서 먼저 여는 것. 내 마음을 열지 않으면 상대방은 내 생각의 한 귀퉁이도 보지 못한다.

'남에게 신뢰받고 싶은 만큼 남을 먼저 신뢰하라.' 이것이 바로 신뢰의 법칙이다. 상사에게 신뢰받고 싶으면서 팀원을 신뢰하지 않는 사람이 있다. 그렇다면 얼마만큼 팀원을 신뢰해야 할까. 바로 당신이 상사로부터 신뢰받고 싶은 만큼 당신의 팀원을 신뢰해야 한다. 남한테 신뢰받고 싶은 만큼 남을 신뢰하라. 그리고 항상 먼저 신뢰하라. 역지사시나 황금률에서 가장 중요한 것은 항상 '내가' 먼저 해야 한다는 사실이다. 내가 먼저 다가갔지만 상대방이 받아들이지 않을 경우 계속 다가가야 하나 말아야 하나 묻는다면, 그건 그때 가서 결정하면 된다.

리더는 부하에게 먼저 다가가야 한다. 그래야 부하도 리더에게 다가간다. 상대에게 먼저 다가가고 먼저 인정할 때 항상 리스크가 따른다. '나는 인정하는데 상대가 나를 인정하지 않으면 어떻게 하지?' 이 두려움에서 벗어나는 것이 바로 리더십이다. 어렸을 때 어머니는 항상 "네가 조금이라도 안면이 있는 것 같은 사람에겐 항상 먼저 인사해라"라고 하셨다. 그렇게 인사하고 헤어진 사람은 다음에 반갑게 인사할 수 있었다. 어머니가 옳았다, 항상 그렇듯이.

● 생각해볼 문제

1 상대방의 입장에서 사고하는 것은 정말로 가능한가?

2 인정받지 못하는 사람이 남을 인정할 수 있을까?

3 미국 제약회사의 경우처럼 역지사지의 원칙으로 어려움을
해결할 수 있다면, 나는 이 원칙을 어떤 문제에 적용하고 싶은가?

17

용서는 왜,
어떻게 하는 것인가

용서의 엄청난 혜택은
용서를 하는 사람에게 돌아가므로
용서는 매우 이기적인 행동이다.

———————

라와나 블랙웰

용서 없는
관계의 결말

죽음을 앞둔 사람들이 생전에 전하지 못해 후회하는 네 가지 말이 있다고 한다. "사랑합니다" "고맙습니다" "미안합니다" 그리고 "용서합니다"가 그것이다. 그런데 왜 "용서를 구합니다"가 아니라 "용서합니다"일까. 놀랍게도 죽음을 앞둔 사람들은 용서받지 못한 것이 아닌 용서하지 못한 것을 후회하고 있었다. 다 잊었다고, 이제는 괜찮다고, 당신도 어쩔 수 없었을 거라고, 그러니 이제 매듭을 풀자고. 전하지 못한 이 말이 가슴에 남아 후회를 한다.

우리는 왜 용서를 하는 것일까? 용서는 반드시 해야 하는 것인가? 다음 세 가지 이유로 용서를 해야 한다. 첫째, 내 마음이 편안해지기 때문이다. 용서한다는 말로 마음을 짓누르는 무게에서 벗어나고자 한다. 하지만 끝내 용서하지 않는 데에도 수긍할 만한 이유가 있다. 용서에는 화해가 뒤따라야 한다. 그런데 나는 과거의 상처에서 벗어나지 못해 힘겨운데 정작 상대는 다 잊은 듯 무감해 보이니 용서가 무의미해지는 것이다. 그러니 용서란 해도 안 해도 괴로운 결단이다.

둘째, 과거사를 매듭짓고 앞으로 나아가기 위해서 용서를 해야 한다. 《이솝우화》의 여우와 두루미 이야기는 용서에 대한 성찰을 주는 블랙코미디다. 두루미가 여우를 집으로 초대한다. 그런데 모든 음식들이 주둥이가 긴 병에 담겨 있었다. 두루미는 긴 부리를 이용해서 맛있게 먹지만 초대받은 여우는 한 입도 먹지 못하고 집으로 돌아간다. 얼마 지나지 않아 이번에는 여우가 두루미를 초대한다. 여우네 집의 저녁 식탁에서 두루미를 맞이한 건 평평한 접시에 담긴 음식들이었다. 여우는 맛있게 먹지만 두루미는 하나도 먹지 못한다. 여우는 속으로 통쾌한 웃음을 터뜨린다. 복수에 성공한 회심의 미소였다.

굳이 따지자면 여우와 두루미 가운데 여우가 더 나쁘다고 생각한다. 두루미가 여우를 초대한 건 친하게 지내려는 호의에서였을 것이다. 그러나 생각이 짧아 여우가 먹기 힘든 그릇에 음식을 내고 말았다. 놀리려 했다면 좀 더 은밀한 방법을 강구했지, 당사자가 뻔히 화날 만한 상황을 만들지는 않았을 것이다. 안타깝게도 두루미는 끝까지 아둔했다. 두루미는 쩔쩔매며 음식을 먹지 못하는 여우의 마음을 달래줬어야 한다. "미안해. 우리 집에 주둥이가 긴 그릇 밖에 없어. 너를 위해서 평평한 그릇을 준비했어야 하는데…… 내가 생각이 짧았어. 다음에 다시 초대할 테니 마음 풀어." 하지만 두루미는 미처 거기까지 헤아리지 못했다.

반면 여우의 초대는 실수일 가능성이 없다. 두루미를 골탕 먹이기로 작심하고 처음부터 준비를 했다. 두루미를 용서하지 않고 어떻게든 앙갚음을 하리라고 마음먹었다. 복수는 평화를 부를 수 없다. 두루미를 품고 후하게 대접했더라면 두루미는 크게 깨달아 여우를 진정한 친구로 삼게 되었을 것이다. 여우의 초대 후 둘은 철천지원수가 되지 않았을까? 다시 공격당할까 봐 만나면 경계하는 피곤한 사이가 되고 말았을 것이다. 용서의 너그러움이 없다면 질시하고 반목하며 감정이 고인다. 또한 관계는 나아감 없이 정체되어 문드러진다.

용서하지 않으면
남는 것

우리가 용서를 해야 하는 세 번째 이유는 이것이다. 폭력을 종식시키기 위하여 우리는 용서를 해야 한다. 토머스 홉스는 자연 상태에서는 만인에 대한 만인의 투쟁이 지속된다고 말했다. 여기서 자연 상태란 법과 도덕, 종교 등 모든 도덕적 권위가 없는 상황을 뜻한다. 홉스는 자연 상태에 놓인 인간은 한정된 자원 안에서 경쟁하며 자기 확신이 부족하고 영예를 추구하므로 죽음의 공포에 놓인다고 했다. 그리고 이 상태를 해결하기 위해 자연법을 발견했다고 주장했다.[1] 자연법이란 이성에 의해 발견된 계율 또는 일반 규칙이다. 홉스는 자연법 제1의 원칙으로 "평화를 추구하고 그것을 따르라"고 했다. 평화에 도달할 수 있다는 희망이 있는 한 노력하고, 그것이 불가능할 때에만 전쟁을 준비하라고 했다. 평화를 추구하는 가장 실제적인 실천은 용서다. 상대의 과오를 실수였다고, 이해한다고, 고의는 아니었다고 선의로 해석해주는 것. 용서는 이런 열린 시선에서 출발한다.

주둥이가 긴 그릇 앞에서 여우는 불쾌할 수밖에 없다. 하지만 두루미의 우둔함을 괘씸히 여길 것이 아니라 타이를 일이었다. 여기에서 대화가 필요해진다. 두루미에게 당황했다고 솔직하게 표현하고 배려가 부족했다는 아쉬움을 표현해야 한다. 그러나 여우는 두루미의 초대를 악의적으로 해석하고 복수를 한다. 매번 선의로 바라본다면 사칫 우매한 사람이 될 수 있다.

하지만 상대방의 의도가 불분명한 경우에는 일단 그것을 선의로 해석해야 한다. 이것이 용서하는 이의 열린 태도다.

불구대천지원수(不俱戴天之怨讐)란 하늘을 같이 이지 못하는 원수라는 뜻으로, 이 세상에서 같이 살 수 없을 만큼 원한이 깊게 맺힌 관계를 이르는 말이다. 마키아벨리(Niccolo Machiavelli)는 《군주론》에서 현명한 군주는 자신을 두려운 존재로 만들되 미움을 받는 일은 피해야 한다고 강조했다. 진정한 군주는 시민들에게 미움을 받지 않으면서도 얼마든지 두려움을 느끼게 할 수 있다. 무릇 시민들의 부녀자에게 손을 대는 일을 삼가야 한다. 만약 누군가 처형하려면 명백한 명분과 이유가 있을 때만 시행해야 한다. 무엇보다 타인의 재산에 손을 대서는 안 된다. 인간이란 어버이의 죽음은 쉽게 잊어도 재산의 상실은 잊지 못하기 때문이다.[2]

군주는 사랑을 주는 대상이 아니라 두려움을 주는 대상이었다. 마키아벨리는 처벌에 대한 공포를 주어야 권력이 효과적으로 유지된다고 했다. 하지만 지나친 억압은 반감을 불러일으킨다. 군주라 해도 함부로 권력을 휘둘러 누군가를 불구대천지원수로 만드는 행위는 삼가라고 했다.

중세 서양에는 결투라는 문화가 있었다. 결투를 신청받으면 거부할 수가 없다. 거부하는 순간 비겁자로 낙인찍히고 그 죄는 내 것이 되며 상대방은 결백해진다. 용서할 수 없기에 결투장에 마주 서고 칼을 겨눈 끝에, 갈등은 누군가의 죽음으로 종결된다. 용서를 하지 않으면 결국 폭력에 이를 수밖에 없다. 여기에는 반드시 희생이 따른다. 그리고 희생은 또 다른 폭력과 희생으로 이어진다.

누구를 위해, 어떻게 용서할 것인가

용서와 사과에는 네 가지 방식이 있다. 사과하면 용서해준다. 사과해도 용서하지 않는다. 사과하지 않으면 용서하지 않는다. 사과하지 않아도 용서한다.

용서의 근본정신에 가장 충실한 것은 역시 사과하지 않아도 하는 용서다. 문용린 전 장관이 한 강연에서 서양(기독교)식 용서는 사과하지 않아도 용서하는 것으로, 이것이야말로 참된 용서의 정수라고 했다. 이때의 용서는 상대의 사과 여부가 전제조건이 아니다. 상대가 용서를 구하든 구하지 않든 하는 용서다 얼마나 숭고한 결단인가. 이는 상대가 준 상처가 더 이상 나에게 문제가 되지 않는다는 선언이자 구원의 전언이다.

사과해도 용서하지 않는 사람을 나쁘다고 단정 지을 수 있을까. 상대방 때문에 가족을 잃고 전 재산을 잃었는데 말 한마디로 미움이 모두 사라질 수 있을까.

'팃포탯(tit for tat)'은 탁구 경기를 하듯 맞받아치는 상황이나 전략을 가리킨다. 이 말은 1980년대 초반 미국 정치학자 로버트 액설로드(Robert Axelrod)가 게임이론을 말하면서 사용해 유명해졌다. '눈에는 눈, 이에는 이' 전략으로 상대가 협력하면 협력하고 배반하면 배반하는, 상대방의 행동을 그대로 따라 하는 소위 '앙갚음' 방식이다. 이슬람 법에서는 상대가 행한 그대로 갚아준다. 내 아버지를 죽인 원수에게는 그의 아버지를 죽이는 것으로 복수를 한다.[3]

현재 이스라엘도 이 전략을 쓰며 한번 공격받으면 반드시 그대로 적을 공격한다. 2014년 6월, 이스라엘의 십대 청소년 세 명이 괴한에게 납치, 살해됐다. 이를 팔레스타인 무장 세력 하마스가 벌인 일이라 단정한 이스라엘은 피의 보복을 시작했고, 가자 지구에서 2000명이 넘는 사망자가 발생했다. 이스라엘의 '팃포탯' 전략으로 이스라엘과 주변 아랍 국가들 사이에 지금까지도 전쟁이 자행되고 있다. '팃포탯'이 보복의 악순환을 불러오기에 문제가 있다고 주장하는 사람들은 '팃포투탯' 전략을 제안한다. 한 번은 용서해주고 두 번 하면 그때 보복하라는 것이다.

강자한테 당한 약자가 강자를 용서한다면 비겁하게 보일 수 있다. 진심 어린 용서인지 굴복인지 알 수 없기 때문이다. 그러나 약자가 강자에게 대항해 대가를 치르게 한다면 멋지고 통쾌해 보인다. 남들은 용기 있다고 말할지 모르지만 당사자는 많은 위험 부담을 감수한 행위다. 그러므로 용서는 강자가 먼저 해야 한다. 가장 바람직한 용서는 강자가 약자 때문에 입은 해를 더 이상 문제 삼지 않고 감싸 안는 것이다. 이럴 때 개인 사이뿐만 아니라 사회에서도 관용과 배려의 분위기가 조성된다.

용서는 누구를 위해서 하는가. 상대방을 위해서, 혹은 나를 위해서 하는 것이 아니다. 모두를 위해서 용서하는 것이다. 인간은 누구나 실수를 할 수 있다. 그런데 용서하지 않으면 실수에 대한 대책도 사라진다. 그리고 끝없는 투쟁만이 이어진다. 그 결과 인류는 모두 파멸의 길로 치닫게 될 것이다.

종교철학자 마르틴 부버(Martin Buber)는 《나와 너》에서 인간은 관계 속에서 자아를 찾는다고 했다. "사람은 나와 너의 관계를 맺음으로써 너와 더불어 현실에 참여한다. 나는 너와 더불어 현실을 나눠 가짐으로 말미암아 현존적 존재기 된다."[4]

'너'를 대면하여 참된 '나'가 되어간다. '나'라는 존재가 존재할 수 있는 이유는 '너'라는 존재가 있기 때문이다. 이 험한 세상에서 더불어 살아가야 희망이 있다.

용서하지 않으면 과거의 과오로부터 벗어날 길이 없다. 종국에는 파멸만이 남아 있다. 용서는 필요하다. 폭력의 고리를 끊기 위해서도 용서라는 결단이 필요하다.

● **생각해볼 문제**

1   '눈에는 눈, 이에는 이'는 나쁜 정책인가?

---

2   먼저 사과하는 것은 자신이 졌다는 것을 인정하는
　　　바보짓이라 생각하는가?

---

3   용서는 쉽게 되지 않는다. 과거에 쌓인 감정을 잊기 위해서는
　　　어떻게 해야 하는가?

18

엿듣기와 엿보기는
늘 나쁜 것인가

사색을 하는 동안 인간은 신과 같이 된다.
행동과 욕망에서는 환경의 노예일 뿐이다.

———————

윌리엄 러셀

훔쳐보기와
부끄러움

명랑하던 아들이 중학교에 간 뒤 말수가 줄었다. 엄마는 불안해졌다. 용돈은 자꾸 달라고 하는데 정작 사는 물건도 없는 것 같다. PC방에 다니는지 무엇에 빠졌는지 알 수가 없다. 아들이 학교에 간 사이에 엄마는 아들의 책상 서랍을 열고 일기장을 꺼내 몰래 읽어보았다. 그러다 가득 적힌 낙서를 보았다. "ㅈㄱㅅㄷ". 엄마는 주저앉고 만다. '죽고 싶다?' 순간, 따돌림을 당해 자살한 아이들에 관한 기사들이 스치고 지나간다. 그날 이후 엄마는 매일 아들의 일기장을 살펴본다. 아이에게 더 큰 문제가 생기는 것을 막기 위한 최소한의 방편이었다. 이 경우, 아들의 일기장을 훔쳐본 어머니의 행동은 부끄러운 일일까?

당신은 지금 복도에 있다. 방문 틈에 눈을 대고 안을 들여다보려 애쓰고 있다. 방 안에서 무슨 일이 벌어지고 있는지 숨죽이며 지켜본다. 이때 복도에 누가 나타나는 바람에 당신이 방 안을 훔쳐보고 있었다는 사실이 발각된다. 그러자 쥐구멍에라도 들어가고 싶은 마음, '부끄러움'이 든다.

우리는 내 생각이 밖으로 드러나 관찰의 대상이 될 때 부끄러움을 느낀다. 내가 주인공이 아닌, 타인에게 단지 보이는 대상이 되었다는 사실이 부끄러운 것이다.

사르트르(Jean Paul Sartre)는 이 세상 모든 존재를 즉자적(卽自的) 존재와 대자적(對自的) 존재로 나누어 보았다. 즉자적 존재는 의식할 수 없는 무생물과 같은 존재다. 의식이 없으므로 적극적으로 행동할 수도 없고 삶의 환경에 대해 자유를 행사할 수도 없다. 반면 대자적 존재는 의식이 있는 존재다. 인간은 대자적 존재다. 자신에 대해 성찰하는 의식을 지닌 존재다.

방 안에 어떤 사람이 있다고 할 때 그 사람은 대자적 존재이지만 내가 몰래 훔쳐보고 있다면 그는 즉자적 존재가 된다. 누군가를 훔쳐본다는 것은 의식이 있는 누군가를 대자적 존재에서 즉자적 존재로 전락시키는 행위다. 이때 즉자적 존재와 대자적 존재는 평등 관계가 아닌 상하 관계가 된다. 훔쳐보는 내 모습을 타인에게 들켰을 때 부끄러움을 느끼는 이유는 누군가를 대자적 존재에서 즉자적 존재로 낮춰보는 것이 드러났기 때문이다. 만약 엄마가 일기장을 훔쳐보다가 남편이나 아들에게 들켰다면 그 순간, 저마다 어떤 감정을 느끼게 될까.

어디까지 허용할 것인가

직원들에게 전자태그(RFID) 카드를 나눠주는 회사들이 많다. 시시각각 움직이는 개인의 동선을 회사는 다 파악하고 있다. 직원들의 이메일을 일일이 감시하는 기업들도 많다. 기업의 정보 유출을 방지하기 위한 방편이라지만, 이런 엿보기 행위가 도덕적으로 용인될 수 있을까?

미국의 어느 IT 회사에서 있었던 일이다. 회사의 명운을 가를 수 있는 인수합병 관련 회의가 있었다. 철저한 보안 속에 회의는 진행되었다. 그런데 다음 날 신문에 모든 내용이 상세하게 공개되었다. 회장은 진노한다. 민감한 사안을 기자에게 유출한 사람이 누구인지 색출하기로 결심하고 사립 탐정을 불렀다. 중역들을 미행하고 이메일을 검색하고 도청 장치를 달고 첩보원

노릇을 할 운전사들을 고용한다. 하지만 범인이 누구인지 심증은 가지만 물증을 찾는 데 실패한다. 이 와중에 회장이 사립 탐정을 고용해 중역들을 비밀리에 조사했다는 사실이 미디어에 유포되었다.

물론 회사 기밀을 외부에 누출한 것은 잘못된 행동이다. 회사를 배신하고 조직에 해를 끼쳤으니 비난받을 만한 일이다. 하지만 색출 방법 또한 잘못되었다. 회장이 이렇게 말했다면 어땠을까. "여러분, 지금 우리가 논의하고 있는 일들이 계속 밖으로 새어 나가고 있습니다. 이는 지극히 잘못된 일입니다. 사안의 민감성도 그렇지만 회의 참석자인 우리가 서로를 불신하는 상태가 되어가는 것이 더욱 심각합니다. 여러분도 모두 공감하는 문제이리라 믿습니다. 그러니 향후 이런 일들이 다시 일어나지 않도록 방지책을 같이 논의해봤으면 합니다."

이런 방식은 상대에게 호감을 준다. 사람들을 즉자적인 존재가 아니라 대자적 존재로 인정하는 자세다. 사람들에게 문제의 심각성을 호소하고 동의를 구하며 해결책을 찾는 데 동참하도록 이끄는 것, 이는 상대를 주체적인 존재로, 삶의 주인공으로 대우하는 방식이다.

엿보기와 엿듣기의 핵심적 문제는 본인의 동의를 구하지 않았다는 사실에 있다. 동의를 구한다는 것은 본인을 주인공으로 대우한다는 뜻으로, 칸트가 말한 '자율성'에 준하는 태도이다. 칸트는 자율성은 인간 본성과 모든 이성적인 본성의 존엄한 근거라고 했다. 자율성이란 스스로 정한 법칙과 원칙에 따라서 스스로 행동하는 것이다. 엿보기나 엿듣기는 '자율성'이 결여된 행위로, 칸트주의자의 입장에서는 부도덕한 일임에 틀림없다.

그러나 아들에게 닥칠지 모를 비극을 막기 위해 일기장을 엿본 어머니는 경우가 다르다. 아들에게 동의를 구하고 일기장을 본다는 건 어불성설이다. 자신의 행동을 남편에게 들켰다면 그녀는 부끄러움을 느끼게 되고, 아들이 알게 된다면 자신이 보이는 대상이 되었다는 사실에 수치심을 느낄 것이다. 하지만 일기장을 볼 수 없다면 그건 불행을 막을 유일한 통로가 사라진다는 뜻이다. 그렇다면 엿보기와 엿듣기는 어디까지 허용될 수 있을까.

누구를, 무엇을 위한 염탐인가

1987년 미국 대통령 선거를 일 년쯤 앞두었을 때, 콜로라도 주 출신 상원의원인 민주당의 게리 하트(Gary Hart)는 당내 경선 후보 등록을 했다. 그는 당시 민주당 내 다른 경선 출마자들을 제치고 압도적인 지지율을 얻으며 공화당 8년 집권을 끝낼 수 있는 후보로 주목받고 있었다.

그런데 후보 출마를 선언할 때부터 심상치 않은 소문이 떠돌았다. 그가 젊은 여성과 혼외 관계에 있다는 이야기였다. 〈마이애미 헤럴드〉의 기자들은 잠복 취재에 나섰고, 모델인 20대의 금발 미녀가 숙소에 드나드는 모습을 촬영하는 데 성공했다. 지지율은 순식간에 추락했고 게리 하트 선거 캠프는 다급해졌다. 그의 부인까지 나서서 남편을 지지한다고 했지만 또 한 장의 결정적 사진이 공개되었다. 그가 호화 요트에서 젊은 여성과 애정 행각을 벌이는 모습이었다. 그는 결국 경선 철수를 발표했고 사실상 정치 인생도 끝났다.

공인에 대한 엿보기는 여전히 논란 중인 문제다. 게리 하트의 사생활을 카메라로 엿보았던 기자의 행동은 정의의 발로인가, 사생활 침해인가. 한 정치인의 부도덕한 가면을 벗겨 국민의 알 권리를 충족시킨 것인가.

국가의 안위나 범죄 예방을 위한 감시와 도청이 지금도 광범위하게 이루어지고 있다. 판사에게 사전영장을 발부받아서 엿들으면 감청이고 그런 절차를 밟지 않으면 도청이다. 용어적인

정의는 단순하지만 현실은 그렇게 단순하지 않다. 판사가 '무한대'의 시간을 허가해줄 수 없는 만큼 해당 발언이 한정된 시간 안에 포착된다는 보장이 없다. 대화가 아슬아슬하게 이어지는 중에 시간이 종료되면 감청을 멈추고 법원으로 달려가야 하지만, 원하는 것을 얻기 위해 그대로 진행하는 경우가 많다. 단 몇 초 사이에 감청과 도청이 갈라질 수도 있는데, 이에 따르는 도덕적인 책임 또한 달라지는 것일까.

국가의 안위를 위한 감청과 감시는 인정해야 할 수도 있다. 실제로 모든 국가들이 실행하고 있기도 하다. 그러나 이는 악용될 소지가 다분하다.

반백 년 동안 미국의 정보를 장악한 권력자가 있었다. 존 에드거 후버(John Edgar Hoover)는 1924년 수사국(미 연방수사국(FBI)의 전신) 국장으로 임명되어 1972년 사망할 때까지 무려 48년간 미국 연방수사국 국장직에 있었다. 그는 정보 수집과 검문, 수색, 추적 등을 통해 방대한 정보를 확보하고 있었다. 냉전 당시 소련이나 쿠바 스파이를 적발하거나, 마피아나 갱단들을 퇴치하는 데 그의 정보는 대단한 위력을 발휘했다. 하지만 그게 전부가 아니었다.

후버는 정치인들의 뇌물 수수와 비리, 이권 개입, 섹스 스캔들에 대한 정보들도 파악하고 있었다. 모든 정치인이 그를 두

려워했다. 그를 해고하려 했던 케네디(John F. Kennedy) 대통령
도 후버가 내민 사진 한 장에 의지를 꺾어야 했다. 그것은 대통
령과 염문설이 난 여배우가 같이 있는 사진이었다. 누구도 후버
를 제압하지 못했다.

정보의 권력화를 막기 위해서는 감청의 주체가 동시에 감청
의 대상이 되는 견제 장치가 마련되어야 한다. 그리고 견제 장
치로 상대를 감청할 때는 그 내용을 기록으로 남겨야 한다.

감시자가 보이지 않는
감옥

동물원의 동물은 스트레스를 많이 받는다. 야생과 다른 인
공적인 환경에 구속당하고 있으며 사람들의 구경거리로 살아
간다. 그래서 일본의 한 동물원에서 동물원의 우리를 특별하게
설계했다. 사람들은 동물을 볼 수 있지만 동물은 사람들이 자
기를 본다는 사실을 모르게 만들었다. 이 시도는 성공적이었
다. 스트레스에서 많이 벗어난 동물들이 활기를 찾게 되었다.
그런데 예기치 않은 부작용이 생겼다. 시선에서 자유로워진 동
물들이 방만하게 싹싯기를 하는 것이었다. 아이들을 데리고 동

물원을 찾았던 부모들은 민망한 광경에 항의를 했고 이에 찬반 양론이 일었다.

먼저 '우리는 동물의 짝짓기 모습을 보지만, 동물들은 이 사실을 모른다. 그러니 본성대로 살도록 내버려두되 어린이들의 관람을 제한하자'는 주장이 있었다. 이에 대해 '어린이의 관람을 제한하는 것이 동물들을 보호하는 행위인가? 우리가 동물을 훔쳐본다는 것 자체가 어불성설이다'라는 반대 의견이 나왔다. 후자는 동물조차도 즉자적 존재, 훔쳐보는 대상으로 여기고 싶지 않다는 의미일 것이다. 양측 의견을 통해 우리는 엿본다는 행위 자체를 근본적으로 부도덕하다고 생각하는지, 그러지 않는지를 가늠해볼 수 있다.

이 동물원의 모델은 공리주의의 창시자 제러미 벤담(Jeremy Bentham)이 설계한 '원형감옥' 즉 파놉티콘(panopticon)에서 나왔다. 「파놉티콘」은 감시 시설, 특히 감옥에 대한 새로운 원리에 관한 벤담의 논문으로, 그는 감옥을 범죄에 대한 공포를 각인시키는 하나의 도덕 극장(un théâtre moral)으로 제시했다. 파놉티콘은 그리스어로 '모두'를 뜻하는 'pan'과 '보다'를 뜻하는 'opticon'이 결합된 단어다.

벤담이 20년 이상을 구상한 이 모델은 공리주의 사고의 집대성이었다. 파놉티콘은 소수의 감시자가 자신을 드러내지 않은 채 모든 수용자를 감시할 수 있는 형태의 감옥이었다. 벤담은 가장 적은 비용으로 간수의 숫자를 줄일 수 있는 시설을 고안했다. 죄수는 감시당한다는 사실을 인지하지만 간수와 눈을 마주치지 않으니 불편함은 느끼지 못했다.

파놉티콘은 '진행되는 모든 것을 한눈에 파악할 수 있는 능력'이라는 의미로 쓰이기도 한다. 벤담은 파놉티콘에 대해 이렇게 설명한다. "만일 다수의 사람에게 일어나는 일을 모두 파악할 수 있는, 그리고 우리가 원하는 방식으로 이끌 수 있도록 그들을 에워쌀 수 있는, 그들의 행동과 (인적) 관계, 생활환경 전체를 확인하고 그 어느 것도 우리의 감시에서 벗어나거나 의도에 어긋나지 않도록 할 수 있는 수단이 있다면, 이것은 국가가 여러 주요 목적에 사용할 수 있는 정말 유용하고 효력 있는 도구임에 틀림없다."[1]

나는 나의
결정적 목격자다

벤담은 파놉티콘이 사회를 안정시킬 수 있다고 보고 이 원리를 공장과 학교 등 사회 전반으로 확장하려 했지만 실제로 실행되지는 못했다. 그러나 그의 구상은 21세기에 새로운 형태로 돌아왔다. 첨단기술로 개인을 감시하는 시스템이 바로 그것이다.

현대인은 CCTV의 감시 아래 살고 있다. 전봇대 아래서 몰래 하는 입맞춤은 옛 추억이 되었다. 골목길이나 엘리베이터, 공원의 벤치 어디에도 사생활은 없다. 범죄로부터 우리를 지켜주는 CCTV가 동시에 우리도 감시한다. 서울은 전 세계에서 CCTV가 두 번째로 많은 도시다. 가장 많이 설치된 도시는 런던이다. 영국 국민들의 사고방식은 매우 실용적이다. 제러미 벤담, 존 스튜어트 밀 같은 공리주의자들이 영국 철학자라는 사실은 우연이 아니다. 그러나 영국에서도 CCTV 설치를 두고 범죄 예방이라는 명분과 사생활 보호의 가치가 충돌하면서 논란이 일어났다. 수많은 토론 끝에, 설치하는 것으로 결론을 모았다. 단, 공공장소인 경우에는 몇 가지 원칙을 지켜야 한다. 개인의 창문이나 침실이 보이는 방향은 피하며 반드시 주민의 동의를 구한 뒤 설치를 한다.

조지 오웰은 《1984》에서 주인공 윈스턴의 시각으로 빅 브라더(Big Brother)에 의해 통치되는 사회를 그렸다. 소설 속에는 사람들의 모든 정보를 통제, 조작하는 진실부(Ministry of Truth)라는 기관이 등장한다. 당은 빅 브라더라는 가상의 인물을 내세워 숭배를 강요하고 텔레스크린으로 당원들의 일거수일투족을 감시한다. 행동뿐만 아니라 사적인 대화와 표정의 변화, 잠꼬대까지 파악해서 존재의 전체를 장악하려 한다. 빅 브라더는 '정보의 독점과 일상적 감시를 통해 사람들을 통제하는 감시 권력'을 뜻하는데, 조지 오웰이 묘사한 감시 사회는 현실에서 더 정교하고 체계적으로 구축되어가고 있다. 구글 글래스를 쓴 빅 브라더가 당신을 바라보는 순간, 그 안경에 포착된 모든 장면은 실시간으로 녹화된다. 그것은 바로 인터넷에 올려지고, 당신의 일거수일투족은 모든 사람에게 공개된다.

다른 사람의 동의 없이 엿보거나 엿듣는 일은 옳지 않지만 절대 허용될 수 없는 일은 아니다. 오히려 도움이 될 때도 있다. CCTV가 나의 사생활을 침해하고 있어도 내가 당한 범죄 현장을 밝혀내서 범인을 찾아내는 결정적인 증거가 될 수도 있다. 아들의 일기장을 보는 것은 미안한 일이지만 집단 따돌림을 당하는 아이를 지켜줄 수 있는 단서가 될 수도 있다. 군대에서 집단 구타를 당해 숨진 윤 일병 사건은 지켜봐야 했던 것을 지켜보지 못했기에 초래된 뼈아픈 비극이다.

당신이 행하는 감시와 도청이 아무에게도 들키지 않으리라고 예단할 수 없다. 만사에는 목격자가 있다. 바로 자기 자신이다. 다른 사람은 몰라노 적어노 나 자신만큼은 나의 행동을 늘 지켜보고 있다. 그런데 내가 남을 몰래 훔쳐본다는 사실을 아무도 모를 것이라고 생각한다면, 나는 나를 속이는 중이다. 내 행동을 내가 지켜보고 있는데도 나를 포함해서 아무도 보고 있지 않다고 생각하는 것은 불가능하다. 이런 식으로 행동하는 나를 스스로 믿지 못하게 되는 것이다. 이런 사람은 다른 사람도 다 의심한다. 기본적인 자존심도 자부심도 없는 사람이 되고 만다. 모든 것을 영원히 감출 수 없으며 어떤 비밀도 백일하에 드러난다. 이것이 바로 우리가 매 순간을 신중하게 살아야 하는 이유다. 또한 이것이 퇴계가 강조한 신독(愼獨), 즉 혼자 있을 때에도 도리에 어그러짐이 없이 몸가짐을 바로 하고 언행을 삼가야 하는 정신이다.

● **생각해볼 문제**

1 남의 행동을 엿보는 CCTV가 절대로 설치되어서는
안 되는 곳은 어디일까?

2 훔쳐보기가 정당화될 수 있는 경우는 언제인가?

19

약속은 꼭 지켜야 하는가

사람은 자기가 한 약속을 지킬 만한
좋은 기억력을 가져야 한다.

———

니체

절대적인가
잠정적인가

한 남자가 있다. 그에게는 사랑하는 여인이 있다. 어느 저녁, 남자는 여인과 다리 아래에서 만나기로 약속을 한다. 하지만 아무리 기다려도 여인은 오지 않는다. 때마침 소나기가 내려 개울물이 급격히 불어났고 남자가 서 있던 땅도 물에 잠긴다. 물은 발목과 허리를 휘감지만 남자는 자리를 떠나지 않는다. 결국 온몸이 잠긴 그는 교각을 끌어안은 채 숨지고 만다.

춘추시대 노나라에 살았던 '미생'이라는 인물의 이야기다. 융통성 없이 약속만을 굳게 지키는 것을 '미생지신(尾生之信)'이라 이르기도 한다. 전국시대의 학자 소진(蘇秦)은 미생의 이야기를 들며 '신의(信義)'를 강조하였다.[1] 반면 장자는 쓸데없는 명분에

빠져 소중한 목숨을 가벼이 여기는 인간은 진정한 삶의 길을 모르는 놈이라고 통박했다.[2]

약속은 어떤 경우에라도 반드시 지켜야 하는가? 이 질문을 두고 철학자들은 많은 이론을 남겼다. 칸트는 "나는 이미 '의무를 어기는' 것으로 알려진 모든 행위를, 그것이 여러 의도에 쓸모 있다 해도 무시한다"라고 말했다. 칸트로 대표되는 의무론의 학자들은 약속은 절대적으로 지켜야 된다고 말한다. 약속은 다른 사람과 자신의 행동을 일치시키려는 노력이기 때문이다. 만약 지키지 못할 약속을 한다면 자신의 말을 스스로 무너뜨리는 자기모순에 빠지게 된다. 나아가서 더 이상 약속이라는 제도 자체도 존재할 수 없게 된다. 거기에는 어떤 예외도 없다. 약속은 무조건적 명령이지, 더 큰 목적을 위한 수단이 될 수 없다. 의무론을 주장하는 학자들은 약속이 절대적 명령이 되지 않으면 인간 사회 자체가 존속할 수 없다고 보았다.

그러나 이런 경우를 생각해볼 수 있다. 상해 임시정부 시절, 어린 소년이 도산 안창호 선생을 찾아온다. 애국소년단의 일원이었던 이 소년은 얼마 후 개최할 행사에 돈이 필요하다며 도움을 청한다. 도산은 도와주고 싶었지만 수중에 가진 것이 없었다. 그래서 자금을 마련해 집으로 갖다주겠다고 약속하고 소년을 보낸다.

며칠 후 도산은 약속한 돈을 들고 소년의 집을 찾아간다. 이 날은 윤봉길 의사가 상해 홍구공원에서 의거를 일으킨 날이었다. 상해 전역에 일제의 검거령이 내려지고 많은 애국지사들이 일제의 검거를 피해 몸을 숨긴다. 하지만 그 시각, 도산은 소년과의 약속을 지키기 위해 시내에 나타난다. 결국 그는 잠복해 있던 일본 순사들에게 잡히고 만다. 도산은 위험을 감수하면서 약속을 지켰다. 그러나 그는 국가의 독립이라는 대의를 도모해야 될 사람이었다. 작은 약속을 지키느라 오히려 자신의 본분을 저버린 것은 아닌지, 논의의 여지가 있다.

　존 스튜어트 밀을 중심으로 한 공리주의자들은 더 크고 숭고한 목적을 위하여 작고 사소한 약속을 깨뜨릴 수 있다고 믿었다. 약속을 이행할 때와 파기할 때 드러나는 혜택과 비용을 계산해 본 뒤 대를 위해 소를 희생하는 것이 올바르다는 입장이다.

　나라를 위해서 큰일을 해야 할 사람이 사소한 약속에 얽매여 일을 그르쳐서는 안 된다. 물론 약속을 쉽게 위반해도 된다는 뜻은 아니다. 개인의 사소한 이익을 위하여 약속을 저버리는 사람은 다른 사람들의 신뢰를 받기 힘들 것이다. 즉, 공리주의자에게 약속은 절대적인 것이 아니라 잠정적인 것이다. 그들은 더 큰 의무를 지키기 위해서, 더 큰 행복을 위해서는 약속을 깰 수도 있다고 주장한다.

한쪽에 해가 되는
약속이라면

2007년 아프가니스탄에서 우리나라 선교 팀이 테러리스트에게 납치되었던 사건이 있었다. 당시 한국 정부 대표단이 테러리스트에게 몸값을 지불하고 대다수 인질을 구출해냈다. 테러범들은 아프가니스탄에서 한국군이 철수하는 조건을 동시에 내걸었다. 그러나 미국은 한국군이 계속 주둔할 것을 요청하고 있었다. 인질은 이미 구출된 상태였다. 테러범과 약속을 지키다 우리가 위험해질 수도 있는 상황이다. 이런 경우에도 약속은 지켜져야 할까. 물론 모든 국가가 '테러리스트들과는 어떤 협상도 하지 않는다'라고 천명한다. 그럼에도 대화 자체를 거부하지는 않는다. 실제로 뒷거래가 이루어지는 정황도 얼마든지 포착할 수 있다.

자신의 개인적 이익을 위해서 약속을 깨는 것은 도덕적으로 비난을 받아 마땅하다. 그런데 만약에 내가 약속을 지키면 상대방이 오히려 더 큰 해를 입는다면, 그래도 그 약속을 나는 지켜야 하는가?

그리스 신화에 나오는 파에톤은 태양신 헬리오스가 인간과의 밀애를 통해 낳은 아들이다. 누구에게도 태양신의 아들로 인정받지 못하자 파에톤은 아버지를 찾아가 사랑을 증명해달라고 한다. 헬리오스는 애처로운 마음에 무슨 소원이든 들어주겠노라고 약속한다. 파에톤은 아버지의 태양 마차를 하루만 빌려달라고 한다. 하늘을 나는 태양의 마차는 헬리오스 자신이 아니면 누구도 제어할 수 없는 위험한 것이었다. 그러나 이미 약속을 했기 때문에 아버지는 아들에게 어쩔 수 없이 마차를 빌려준다.

말 네 마리가 이끄는 전차는 파에톤을 태우고 하늘을 가로질러 날아오른다. 그러나 고삐를 잡은 이가 주인이 아니라는 사실을 눈치 챈 말들은 몸부림치기 시작한다. 말들은 파에톤의 통제를 벗어나 하늘로 치솟는가 하면 땅으로 곤두박질칠 듯 내달린다. 뜨거운 태양의 마차가 지상에 가까이 이르자 그 열기로 대지가 불타오른다. 강과 바다는 말라 사막으로 변해간다. 끔찍한 피해를 좌시할 수 없었던 제우스는 벼락을 내려 파에톤을 전차에서 떨어뜨린다. 파에톤의 시체는 불이 붙은 채 강으로 떨어진다. 아버지 헬리오스는 이러한 파국을 예견하고 있었다. 그럼에도 아들과의 약속을 지킨 것이다.

스토아 철학자 세네카는 상대방에게 해가 돌아갈 경우에는 약속을 지키지 않는 것이 맞다고 말한다. 약속을 파기하는 것이 부도덕하게 여겨지는 이유는, 경중이 어떠하든 자신의 이익을 위하여 다른 사람과의 신뢰를 깨뜨리는 행위이기 때문이다. 그런데 약속을 파기하는 이유가 내가 아닌 상대방의 이익을 위해서라면 그에 대한 평가는 달라질 수 있다. 세네카는 이런 경우 오히려 약속을 지켜서는 안 된다고 주장한다. 약속의 이행은 약속 그 자체를 위해서가 아니라 상대방의 행복을 위한 것이어야 한다.

세네카는 '이 세상에 절대적인 약속은 없다'고 보았다. 그러니까 헬리오스가 아무리 아들과 애절한 약속을 했다 해도 더 큰 비극을 막기 위해서라면 약속은 지키지 않아도 된다. 이는 칸트로 대표되는 의무론과는 상반되는 입장이다.

부정적 기억은 힘이 세다

'파블로프의 개'는 잘 알려진 대로 조건반사에 대한 실험이다. 그것을 약속에 대한 실험으로 생각해보면 어떨까. 개를 먹이 앞에 데려갈 때마다 종을 치면 나중에는 종소리만 나도 개의 딕에 침이 고인다. 이를 '긍정적 소선반사'라고 한다. 긍정적

조건반사는 영구적이지 않다. 종을 치고도 먹이를 주지 않는 것을 반복하면, 어느 시점부터는 더 이상 종을 쳐도 침을 흘리지 않는다.

그러나 부정적 조건반사는 쉽게 사라지지 않는다. 종을 친 뒤에 개를 뜨거운 전기 그릴 위에 올리면 개는 소스라치게 놀라 달아나 버린다. 이것이 '부정적 조건반사'다. 이후에 종이 울리면 개는 저절로 도망을 친다. 전기 그릴의 기억이 너무나 충격적으로 각인되었기 때문이다. 이때 전기 그릴을 치운다 해도 종이 울린 즉시 개가 도망을 치다 보니 개에게 자극원이 없다는 사실을 확인시켜줄 수가 없다.

한번 새겨진 부정적인 기억을 지우려면 긍정적인 기억을 지우는 데 들이는 노력보다 몇 배의 노력이 필요하다. 종을 울린 다음 개가 도망가지 못하도록 매번 막는다면 개도 이제는 전기 그릴이 없다는 사실을 알게 된다. 한번 약속을 어겨서 무너진 신뢰를 회복하려면 말한 것을 꾸준히 지키면 된다. 작은 약속을 계속 지켜나가면 결국 신뢰가 회복된다. 그때는 큰 약속도 다시 할 수 있게 된다. 하지만 회복하는 데 엄청난 노력과 시간이 들기 때문에 처음부터 함부로 약속을 어겨서는 안 된다.

앞서 본 '태양의 마차' 이야기처럼 세상에는 지키지 않는 편이 나은 약속들도 많다. 전체의 행복을 위해, 자신의 극단적 손실을 피하기 위해, 상대의 손해를 막기 위해 약속을 저버리기도 한다. 그럼에도 사람들은 신뢰 때문에 약속을 중요한 가치로 꼽는다. 신뢰를 쌓기는 어렵다. 그런데 한번 잃은 신뢰를 회복하는 일은 더욱 어렵다. 부정적인 자극, 파기된 약속의 기억은 좀처럼 지워지지 않는다. 도산 안창호 선생처럼 죽음을 각오하면서 약속을 지키는 사람이 있다. 작은 약속 하나까지 중요하게 생각하는 사람, 그런 사람은 신뢰라는 묵직한 선물을 얻게 된다.

미국의 한 사업가가 지인에게 자신이 갖고 있는 주식을 팔기로 구두 약속을 했다. 일종의 장외 거래로 주식 매매 계약서를 작성하지 않은 채 몇 개월이 지났고, 그사이 팔기로 한 주식이 세 배가 올랐다. 법적으로 구두 약속은 효력이 없으므로 팔지 않아도 되지만 그는 약속을 지키기 위해 원래 가격대로 주식을 팔았다. 그 결과, 이 사실을 알게 된 사람들이 그와 거래하겠다고 장사진을 이루었다고 한다.

오늘도 당신 앞에는 '약속'이라는 일견 평범해 보이는 기회들이 수없이 놓여 있다. 당신은 어떤 선택을 할 것인가.

● 생각해볼 문제

1 인간들의 사회에서 약속을 하는 이유는 무엇인가?

2 말로 한 약속도 반드시 지켜져야 하는 경우는 언제인가?

3 상대의 행복을 위하여 약속을 깨뜨리는 것은 정당한가?

20

불편한 진실을 말해야 하는가

진실은 없다. 주관적인 해석만 있을 뿐.

———

니체

어디까지가 진실이고
거짓인가

어떤 사람이 중고품 판매 사이트에 평소 타던 자전거를 올리려고 한다. 3년 탔는데 아직 깨끗하고 성능도 좋다. 단, 언덕길을 올라갈 때 신경이 쓰이기는 한다. 5분 정도 올라가면 체인에서 삐걱거리는 소리가 나는 게 영 마음에 걸린다. 물건 정보를 올릴 때 이 사실도 밝히자니 자전거 값을 낮춰야 할 것 같다. 그 점 하나만 빼면 훌륭한 자전거인데 아까운 마음이 든다.

자신에게 불리한 것에 대해 감추거나 거짓말을 할 것인가, 아니면 손해를 보더라도 있는 그대로 말할 것인가. 미란다 원칙은 자신에게 불리한 진술을 말하지 않아도 된다는 법적 권리이다. "피의자는 묵비권을 행사할 수 있다. 피의자의 모든 발언이 법

정에서 불리하게 작용할 수 있으며, 피의자는 변호인을 선임할
권리가 있다."

법이 그렇게 정한다 해도 도덕은 다른 차원의 문제다. 앞의
사례에서 체인에 이상이 있다는 사실은 나만 알고 있다. 물건
에 마음을 두고 연락을 해오는 사람도 체인에 대해서는 물어보
지 않는다. 이 사례에 대해 수업시간에 학생들에게 묻자 대부
분 고지해야 한다고 답했다. 몸체에 흠집이 살짝 나 있는 것 정
도는 이야기하지 않아도 괜찮지만 타이어나 체인의 문제라면
반드시 밝혀야 한다고 했다. 안전에 관한 사항은 상대방이 묻
지 않아도 이야기해야 한다는 의견이었다.

그러면 어디까지를 거짓말이라고 봐야 할까? 어떤 말의 80퍼
센트는 진실이고 20퍼센트는 거짓이라면 그것은 거짓이다. 부
분을 누락한 데에 고의성이 있기 때문이다. "그날 자리에 누가
있었습니까?" 재판정에서 검사가 묻는다. 문제의 자리에는 A,
B, C, D 네 명이 있었다. 그러나 증인은 세 명만 밝히고 한 명
은 누락한다. 그 한 명이 결정적 단서라서 일부러 밝히지 않았
을 가능성도 있다. 검사는 핵심 인물인 D가 있었는지를 알고
싶어서 묻는데 증인은 세 사람이 있었다고 할 뿐 D를 언급하
지는 않는다. 차후 수사에 의해 D가 있었다는 사실이 밝혀졌

을 때 증인은 이렇게 말할 수도 있다. "저는 D가 없었다고 말한 적은 없습니다. 다만 A, B, C가 있었다고 말했을 뿐입니다." 객관적인 사실에 반대되는 진술은 명백한 위증이다. 또한 의도적으로 부분적인 진실만 이야기한다면 사실에 허위를 가하는 것이기에 역시 위증, 거짓말에 해당한다.

"나는 양심에 따라 숨김과 보탬 없이 사실 그대로 말하고, 만일 거짓이 있으면 위증에 대한 벌을 받을 것을 맹세합니다." 증인선서문은 거짓을 말하면 벌을 받겠다고 자신의 인생을 두고 하는 선서이다. 그러니 위증이란 법과 국가, 자신을 속이는 행위이다. 미국에서는 위증죄를 엄하게 묻는다. 의회에서 거짓말을 할 경우 사법을 방해했다는 죄목으로 처벌 대상이 된다. 전 미국 대통령 빌 클린턴(Bill Clinton)은 '르윈스키 스캔들'이 밝혀진 1998년 당시 인턴 여성과 부적절한 관계를 맺어서가 아니라 의회에서 위증한 죄로 국회 탄핵 대상이 됐다.

2000년, 일본의 우유 가공업체 유키지루시유업(雪印乳業)의 우유를 먹은 이들이 집단 식중독을 일으킨다. 이 회사는 '우리 제품에는 문제가 없다. 아직 구체적 연관 관계가 증명되지 않았다'라는 말만 반복하면서 적극적으로 조치하지 않는다. 그사이 피해자 숫자는 눈덩이처럼 불어나 1만 4000여 명이 식중독에 걸린다. 그러자 그 우유 회사 공장이 있는 오사카시 보건 당국은 강제 리콜 명령을 내린다. 회사 대표는 마지못해 기자회견을 통해 진실을 밝힌다. "공장의 기계 중 하나가 박테리아에 오염됐습니다. 하지만 그 기계는 가동을 중단했습니다. 안심하고 우리 제품을 계속 애용해주십시오."

그런데 소비자 보호 시민단체와 동행한 TV 방송국 기자가 문제의 그 기계가 그동안 계속 작동하고 있었다는 사실을 현장에서 보도한다. 소비자들은 거세게 분노했다. 전국적인 불매운동이 전개됐고 이듬해 대표는 사퇴했다. 일본 최대 시장점유율을 자랑하던 회사는 결국 부도를 맞고 말았다. 변명으로 일관하며 사실을 은폐하기 바빴던 기업의 예견된 말로였다.

우리는 보복이 두렵거나 대가를 치러야 해서, 또 체면이 손상될까 봐 진실을 말하지 않는다. 여기에는 손해 보기 싫다는 이기심과 손해 보는 것이 겁난다는 비겁함이 배어 있다. 이처럼 진실하게 세상과 소통하려면 용기가 필요하다. 진실이 불편한 이유는 여기에 있다. 그럼에도 진실을 목도하고 그것을 밝혀야 하는 이유는 단지 그것이 진실이기 때문이다. 진정성이야말로 최대의 설득력을 지닌다.

의도된 침묵과
하얀 거짓말

인구가 300여 명밖에 안 되는 미국 중서부 미주리주 스키드
모어(Skidmore)에 범법자가 나타났다. 그는 여러 해 동안 주민들
을 상대로 강탈, 강간, 방화, 발포 등의 악행을 일삼았다. 그때마
다 교묘하게 법망을 피해 제대로 처벌받은 적도 없었다. 그러던
어느 여름 한낮에 그 악당이 마을 대로에서 총에 맞아 사망했
다. 현장에 수십 명이 있었지만 악당을 죽인 범인을 목격했다
는 사람은 아무도 없었다. 누구도 범인의 정체를 말하지 않았
다. 마을 전체가 침묵했다. 지역 주민을 인터뷰하며 조사한 연
방수사관은 포기하고 말았다. 그는 "경찰이 해야 할 일을 제대
로 하지 않았기 때문이다"라는 말을 남기고 마을을 떠났으며
이 일은 영구 미제 사건으로 남았다. 주민 모두가 자신들을 괴
롭힌 악에 대항해 거짓말을 했던 것이다. 이 경우 침묵의 거짓
말이 옳다고 말할 수 있을까.

칸트주의적 방법에 의하면 경찰은 철저하게 탐문수사를 하
고 시민 전체의 DNA 조사를 하는 등 총력을 기울여야 한다.
계속 파헤치면 진실이 나올 수도 있다. 범인을 체포하면 위증
을 한 사람들도 가려내 은폐를 공모하고 수사 방해를 한 것에

대해 책임을 물어야 한다. 이후에 선처를 하든 감형을 하든 진실은 끝까지 추적해야 한다. 그러나 굳이 그렇게까지 해야 하는지 의문이 든다. 그 범법자는 마을의 '악'이었다. 그가 사라진 마을은 비로소 평온을 되찾았다.

유대인 아버지가 아들과 함께 아우슈비츠 수용소에 끌려간다. 아직 어린 아들은 이 상황을 인지하지 못한다. 아버지는 아들에게 이 모든 것이 '놀이'라고 말한다. 죄수복을 입고 더러운 침대에서 자는 것도 다 놀이라며 아들을 웃긴다. 영화 〈인생은 아름다워〉의 아버지는 이렇게 슬픈 거짓말을 한다. 아버지는 아들을 수용소 구석에 숨겨놓고 아침까지 숨어 있어야 일등을 할 수 있다고, 그러면 탱크를 사주겠다고 약속한다. 그리고 아들이 놀라지 않도록, 죽으러 가면서도 우스꽝스러운 미소를 보낸다. 자식을 사랑하는 마음에 아버지가 들려준 하얀 거짓말은 얼마나 도덕적인가.

칸트는 불편하고 고통스럽더라도 어떤 상황에서든 진실을 말해야 한다고 주장한다. 진실이야말로 상대방의 인격을 존중하는 것이라고 말한다. 만약 내가 상대에게 진실을 얘기하지 않는다면 상대방은 현명한 결정을 내릴 수 있는 기회를 원천적으로 박탈당한다. 사람들은 누구나 다른 사람에 의해 조종되고 있다고 느끼기를 원하지 않는다. 스스로 내린 결정이라고 느낄 때 동기부여가 될 수 있다. 적어도 자신이 의사결정에 참여하고 있을 때 주인의식을 느낀다. 따라서 모두에게 진실한 정보가 전해져야 한다.

목적의 왕국에서
살라

칸트의 주장은 단순하다. 그는 이 세상에는 문화나 사회에 따라 상대적인 것이 아니라 절대적인 도덕 법칙이 존재한다고 말한다. 어떤 경우에도 절대로 해서는 안 되는 것이 있는가 하면, 반드시 해야 할 일도 있다.

나만이 아니라 모든 사람에게 보편적으로 적용된다면 옳은 일이다. 다른 사람에게는 적용하고 자신은 예외로 돌리는 행위는 용납될 수 없다. 예수는 "남이 네게 하기를 바라는 일을 네가 먼저 남에게 하라"라고 말했다. 칸트는 여기에서 한 단계 더 나아가고자 했다. 모두가 행동했을 때 논리적 모순이 없는 것이라면 그 행동의 결과가 참혹하더라도 반드시 해야 한다고 보았다. 절대 해서는 안 되는 행동 가운데 대표적인 예가 바로 거짓말이다. '거짓말은 가급적 삼가는 것이 좋다'는 정도가 아니라, 문자 그대로 어떤 상황에서도 절대적으로 해서는 안 된다고 명시했다.

명령에는 가언명령과 정언명령 두 가지가 있다. 가언명령은 어떤 목적을 이루기 위한 수단으로 반드시 해야 할 것을 지시하는 명령이다. "가장 빨리 가고 싶다면 비행기를 타라"와 같이 가언명령은 목적을 위한 수단으로 추론한 명령이다. 정언명령은 그 자체로 반드시 지켜져야 하는 무조건적인 명령이다. 수단이 아닌 그 자체로 마땅히 옳고, 그래서 조건도 이유도 없이 행하는 행위라면 이는 정언명령이다. "약속을 지켜라" "신뢰를 유지해라"와 같이 무조건적인 준수를 요하는 것은 정언명령에 속한다.

칸트의 정언명법에는 세 가지가 있다. 세 가지가 표현은 다르지만 동일한 결론에 이른다.

제1정언명법은 보편화 가능성 법칙이다. 그 준칙에 대해 네가 동시에 그것을 보편적인 법칙으로 삼을 수 있는, 오직 그런 준칙에 따라서만 행위하라는 것이다.[1] 어떤 행동을 할 때 그 행동 하나에 그치는 게 아니라, 모든 사람이 항상 그렇게 한다면 자기모순이 있을지 없을지를 살펴보고, 자기모순에 빠지게 되면 그 행동은 하지 말라는 명령이다.

제2정언명법은 다른 사람을 수단으로만 대하지 말고 동시에 목적으로 대하라는 것이다. 네 인격 안의 인간성뿐만 아니라 모든 사람의 인격 안의 인간성까지 결코 수단으로만 사용하지 말고, 언제나 동시에 목적으로도 사용하도록 그렇게 행위하라는 것이다.[2] 내가 누군가에게 거짓말을 하는 건 그를 속여서 어떤 이익을 취하려는 목적이 있어서다. 이는 상대방을 수단으로 사용하는 행위이다.

제3정언명법은 모두가 자아실현을 할 수 있는 목적의 왕국에서 살라는 것이다. 자기 의지의 모든 준칙을 통해 자신을 보편적으로 법칙을 주는 자로 생각해야 하고, 그런 관점에서 자기 자신과 자기의 행위를 평가해야 하는 각각의 이성적인 존재라는 개념은 그것에 딸린 매우 풍성한 개념, 즉 목적의 왕국이라는 개념으로 나아간다. 칸트는 다양한 이성적인 존재들이 공동의 법칙을 통해 체계적으로 결합하고 있는 것을 왕국이라고 말했다.[3] 목적의 왕국에서는 사람들이 타인을 해칠 생각도 없고, 그저 자신이 더 좋은 인간이 되기 위해서 공동체를 이루며 산다.

칸트는 정언명법이 지켜지는 목적의 왕국을 꿈꾸었다. 언제 어디서나 자기 자신과 다른 사람을 수단이 아닌 목적으로 대우할 것을 강조했다.[4] 그는 목적의 왕국이 사회적 규율이 될 때만이 진정한 도덕사회가 될 수 있다고 믿었다.

거짓말이
최선이라면

한 남자가 살인을 저지른다. 친구와 다투다 밀쳤는데 친구가 바닥에 머리를 부딪혀 즉사하고 만다. 의도하지 않은 살인을 저지른 남자는 현장에서 체포된다. 그런데 그다음 날은 아들의 초등학교 입학식 날이었다. 그의 부인은 아이에게 아빠가 감옥에 가서 입학식에 못 온다고 사실대로 말해야 할까? 아니면 아빠가 바쁜 일 때문에 못 오게 되었다며 곧 오실 거라고 거짓말을 해야 할까?

대의를 위해 거짓말을 할 때도 있다. 사회심리학자들은 실험을 위해 거짓말을 한다. 긍정심리학자 숀 아처(Shawn Achor)는 하버드대 학부생 시절, 교내에 붙은 모집 광고를 보았다. '노인 돕기 연구, 3시간 이내, 20달러'. 가난한 대학생이던 그는 당장 지원했다. 현장에 가보니 노인들이 어떻게 넘어지는지를 연구해 낙상 예방법을 알아내는 실험을 한다고 했다. 실제 노인들을 대상으로 할 수는 없으므로 대학생을 불렀다는 말에 그는 특수복장과 장비를 착용했다. 그러고는 몸의 관절마다 센서를 부착한 채 바닥이 이리저리 기울며 움직이는 통로를 걸어 다녔다. 30초에 한 번씩, 두 시간 동안 총 240번을 넘어졌고 결국 주말에 병원 신세까지 지고 말았다.

며칠 뒤 연구자들은 진실을 말해주었다. 사실 그것은 동기부여와 회복 탄력성을 측정하는 실험으로, 사람들이 얼마나 많은 고통을 겪어야 포기하는지 알아보기 위한 것이었다. 연구자들은 두 시간을 버틴 사람은 "학생 한 사람밖에 없었다"라고 하면서 다른 사람이 포기한 금액까지 모두 그의 몫이라는 말과 함께 200달러를 건네주었다.[5]

시작할 때부터 진실을 밝히면 실험 자체가 불가능해지는 경우가 많다. 그래서 모든 사회심리학 실험에는 실험 사후 설명 즉 '디브리핑(debriefing)'이 반드시 따라야 한다. 이러이러한 의도에서 당신을 속였다고 상황을 바로잡는 설명으로, 피실험자에게 꼭 고지해야 한다. 그런데 진실을 말해준 뒤에도 여전히 혼란을 느끼는 피실험자들이 있다. 자신이 한 행동에 수치심을 느끼기도 하고, 실험 과정에서 조작된 기억이 원상 복구되지 않아 괴로움을 토로하기도 한다.

EBS 다큐멘터리에서 이런 모습을 본 적이 있다. 실험자들은 인터뷰를 위해 출연자들을 섭외하면서 출연료가 10만 원이라고 했다. 그런데 촬영이 끝난 후 수고했다는 말과 함께 15만 원이 든 봉투를 건넸다. 대부분 아무 말 없이 그 돈을 그냥 받았다. 디브리핑 후에 그들은 부끄러운 기색을 감추지 못했다. 사람들의 도덕성이 쉽게 흔들린다는 실험을 위해 자기가 함정에 빠졌음을 알게 된 것이다. 방송을 통해 얼굴까지 알려졌으니 그 감정은 쉽게 지워지지 않을 것이다.

그렇다고 실험을 위한 거짓말을 금한다면 심리학이라는 학문 자체가 흔들릴 수도 있다. 시셀라 복(Sissela Bok)은 저서 《거짓말(Lying)》에서, 학술적 거짓말에 뒤따라야 할 네 가지 원칙을 제시한다. 첫째, 꼭 그런 방식으로밖에 할 수 없는가? 그것이 유일한 길인가? 둘째, 꼭 필요한 것인가? 그것이 최선의 결과를 주는가? 셋째, 선의의 피해자는 없는가? 넷째, 디브리핑은 반드시 해야 한다.[6]

이는 학술적 거짓말뿐 아니라 선의의 거짓말에도 해당한다. 앞서 예로 든, 살인을 저지른 아버지와 그의 아들을 생각해본다. 첫째, 거짓말을 하는 방법밖에 없었나? 그렇다. 그 외에는 달리 방법이 없었다. 둘째, 최선의 결과를 주는 것이었나? 그렇다. 아이를 놀라지 않게 하려면 거짓말이 최선이었다. 셋째, 선의의 피해자는 없는가? 이 거짓말로 상처받을 사람은 없다. 넷째, 디브리핑은 반드시 해야 한다. 시간이 어느 정도 흐르고 아이가 받아들일 수 있는 나이가 되면 사실을 말해야 할 것이다.

진실을 말할
타이밍

한 남자가 여자를 만나 사랑에 빠졌다. 남자는 드디어 여자한테 결혼하자고 프러포즈를 한다. 그러자 여자가 말한다. "오빠, 나 남고(남자고등학교) 나왔어." 여자는 트랜스젠더였던 것이다. 여자에게는 이것이 불편한 진실, 털어놓기 힘든 진실이었을 것이다. 하지만 반드시 말해야 하는 진실일 터, 그럼 언제, 어떻게 고백하는 게 제일 좋을까?

이와 관련해서 학생들에게 질문을 던지면, 사실대로 말해야 한다는 데에는 이견이 없지만 진실을 고백하는 적절한 시점에 대해서는 의견이 분분하다. 남자가 청혼하는 날이 가장 적절하다는 답들이 많았다. 남자가 결혼을 진지하게 고려하고 있는 마당이니 이때가 바로 그 이야기를 할 적정한 시점이라는 의견이다. 첫날밤이 가장 좋다는 답변도 있다. 반면, 과거를 고백했다가 불행에 빠진 사례인《테스》를 들며 평생 말하지 말라는 의견도 있다. 그런가 하면 진실이 상대를 위한 최고의 배려라며 처음 서로 사랑의 예감을 느낀 순간에 털어놓아야 한다고 말하기도 한다. 고백이 곧 이별이 될 수도 있으니 진실을 토로하는 건 쉽지 않은 결정이다.

"진실을 털어놓기에 트렌스젠더는 너무 특별한 예가 아닌가요?" 이렇게 묻는 학생들에게 다른 질문을 던지면서 우리가 얼마나 많은 딜레마 속에서 살아가는지 환기해준다. 만약 이혼했다면, 불치의 유전병을 갖고 있다면, 주요한 부위를 성형했다면, 1억 원 상당의 빚이 있다면, 내가 부모님의 친자녀가 아니라 입양 자녀라면…… 누구라도 연인에게 선뜻 말할 자신이 있을까?

당신이라면 진실 앞에서 어떤 태도를 취하겠는가. 불편한 진실을 말해야 하는가? 어떻게, 어느 시점에 말해야 하는가? 고백하기 전, 그 진실과 마주할 준비는 되어 있는가?

1 모르는 게 약인 경우는 언제인가?

---

2 자신에 관한 진실을 밝히지 않으면서 상대방이 진실을
   말하지 않았다고 비판할 수 있는가?

---

3 심리학 실험에서 피실험자에게 원래 목적을 밝히지 않는 것은
   비윤리적인가?

21

인간에게 죽을 권리를
허용해야 하는가

목숨이 붙어 있는 한,
인간은 무엇인가를 소망할 수 있다.

———

세네카

영웅적 자살과
비관적 자살

소방 헬기 한 대가 위태롭게 도심을 난다. 기체에 이상이 생겼다. 낮은 고도로 아파트 단지와 학교 위를 아슬아슬하게 날던 헬기는 빈 도로변으로 곤두박질쳐 폭발한다. 아파트와 상가가 몰려 있는 인구 밀집 지역에서 불과 10미터 떨어진 곳이었다. 소방 임무를 마치고 돌아오던 소방관과 조종사는 그 자리에서 사망한다. 사고를 수습한 전문가는 조종사가 대형 참사를 피하기 위해 탈출하지 않고 끝까지 조종간을 잡고 있었던 것으로 추정했다. 많은 생명을 구하기 위해 조종사는 자신의 죽음을 '선택'했다.

탄생은 선택이 아니지만 죽음은 스스로 선택할 수 있다. 자살은 죽음을 선택하는 방법 중 하나로 영웅적 자살과 비관적

자살이 있다. 고교생이 성적을 비관하여 목숨을 끊는다면 이는 비관적 자살이다. 시민들의 희생을 막기 위해 고장 난 헬기와 함께 죽음을 선택한 조종사, 그의 죽음은 영웅적 자살이다.

그리스·로마 시대에는 영웅적 자살을 고귀한 행위로 찬양했다. 불명예에 처하거나 조국을 구하기 위하여, 대의명분을 다하려 자기 목숨을 바치는 이들을 영웅시했다. 고대 철학자들은 죽음도 인간의 권리로 인식했다. 세네카는 '적절한 시기에 죽음을 택하는 것은 인간의 본질적 권리'라고 했다. 그는 자살을 '자유로 향하는 통로'라고 변호하며 '현자는 자신의 생명이 지속 가능한 시간까지가 아닌, 자기가 생존하려고 할 때까지만 생존할 것'이라는 내용의 서간을 남기기도 했다. 그리고 음모에 휘말린 끝에 자살을 명령받고 스스로 생을 마감한다.

아리스토텔레스는 자살을 긍정하는 입장은 아니었지만 자살은 그 사람 자신에 있어서는 부정한 일이 아니라 할지라도 국가에 대해서는 하나의 부정이라고 말했다. 즉, 자살이란 한 개인이 주체적으로 선택하는 행위라며, 개인이 지니는 선택의 가치를 부정하지는 않았다. 그는 《니코마코스 윤리학》에서 이렇게 말한다. "격노로 말미암아 자기 자신을 찔러 죽이는 사람은 올바른 이치(logos)에 어긋나게 이 일을 자발적으로 하는 것인데, 법은 그런 일을 허용하지 않는다. 그러므로 그는 부정의

를 행하는 것이다. 하지만 누구에게 부정의를 행하고 있는 것
인가? 폴리스에 대해서 부정의를 행하는 것일 뿐 자기 자신에
대해서 부정의를 행하는 것은 아니지 않은가?"[1]

중세 기독교에서는 자살을 인정하지 않았다. 기독교의 가치
에 의하면 태어남이 하늘의 뜻이듯 죽음도 하늘의 뜻에 맡겨
야 한다. 죽음을 스스로 선택하는 것은 신의 뜻을 거역하는 행
위이므로 죽을 권리는 허용될 수 없다고 했다. 1960년대에 이
르러, 중세 이후 금기시되었던 자살에 다시 긍정적 의미가 부여
되기 시작했다. 당시 인권운동가들은 '죽을 권리(Right To Die)'
라는 구호 아래 존엄사라는 개념을 표명했다.

죽음을
선택한다는 것

영화는 시대에 논쟁거리를 던지기도 하고 떠오르는 논쟁에
근거와 방향을 제시하기도 한다. 클린트 이스트우드 감독의 〈밀
리언 달러 베이비〉는 존엄사에 대해 깊이 있는 화두를 던져준
영화였다.

불우하게 성장해 상처가 많았던 메기는 권투에 모든 것을 바

치는 여성 권투선수다. 그런데 시합 도중 상대 선수의 반칙으로 목뼈가 부러져 전신마비 상태가 된다. 절망에 빠진 그녀는 혀를 깨물어 여러 번 자살을 시도한다. 그마저 좌절되자 유일하게 의지하는 코치 프랭키에게 죽을 수 있도록 도와달라고 부탁한다. 그녀에게 프랭키는 아버지 같은 사람이었고, 늙은 코치 프랭키에게 그녀는 '밀리언 달러 베이비'(뜻하지 않게 생긴 100만 달러와 같은 기적) 같은 존재였다. 그녀는 존엄함을 지닌 인간으로서 생을 마감하기를 바란다. 이 간절한 부탁에 프랭키는 메기가 영원한 안식을 누릴 수 있도록 도와준다.

영화가 아닌 현실에서 누군가에게 '밀리언 달러 베이비'였을 한 여성이 불치병을 얻고 존엄사를 선택했다. 29세의 미국 여성인 브리트니 메이나드는 오랫동안 두통에 시달리다가 병원에서 검진을 받았는데 악성 뇌종양이라는 결과가 나온다. 6개월 시한부 판정을 받은 그녀는 남편과 함께 그동안 살아왔던 캘리포니아를 떠나 오리건으로 이사를 한다. 오리건주는 1997년부터 미국 최초로 '존엄사법'을 시행하고 있는 곳이다.

메이나드는 인터넷 사이트에 특별한 영상을 올린다. 한 달 후 평화롭게 세상과 작별하겠노라고. 이 영상은 1000만 건 이상의 조회수를 기록하며 논쟁을 불러일으켰다. '극심한 고통 끝에 내린 결정'이라며 그녀의 선택을 옹호하는 의견도 있었고,

'살고자 하는 다른 환자들의 의지를 꺾은 공개 자살'이라는 비판도 나왔다. 그녀는 예고했던 날짜에 처방받은 약을 먹고 가족들이 지켜보는 가운데 눈을 감았다. 2014년 11월 1일은 그녀 스스로 정한, 세상과 이별한 날이었다.

미국의 병리학자 잭 케보키언(Jack Kevorkian)은 '죽음의 의사'로 불렸다. 그는 불치병 말기 환자들의 안락사를 도왔다는 이유로 2급 살인죄가 적용돼 25년형을 선고받고 복역하였다. 그리고 안락사를 더 이상 돕지 않는다는 조건으로 8년 6개월간을 지낸 뒤 2007년 가석방된다. 그는 자신의 행동에 후회가 없다고 말한다. "안락사 대상 환자는 단지 죽어가는 것이 아니라 고통받고 있는 것이다. 무엇이 최선인지는 환자만이 말할 수 있는 문제다." 그는 안락사를 반대하는 이들에게 '악마'로 불렸고 존엄사를 원하는 이들에게는 '구원자'로 불렸다.

'죽음을 선택한다는 것'은 여전히 논란의 대상이다. 그런데 죽을 권리를 허용해야 한다는 의견이 조금씩 합법화되고 있다. 네덜란드는 2002년 4월, 세계 최초로 안락사와 조력자살(불치병 환자가 의사 등의 도움을 받아 시행하는 자살)을 합법화했다. 물론 환자가 엄청난 고통을 겪고 있으며, 치료가 불가능하고, 환자가 완전히 의식이 있을 때 요청하도록 엄격한 조건을 달았다.

2010년 기준으로 의료진의 감독 하에 3136명의 환자에게 치사량의 약물을 투여했다.

2002년, 벨기에에서는 네덜란드에 이어 두 번째로 안락사를 합법화하는 법안이 통과되었다. 미국에서는 현재 다섯 개 주에서 불치병 환자에게 치사량의 약물 처방을 허용하고 있다. 독일과 스위스는 일반적인 조력자살과 '적극적인 조력자살'을 구분하고 있다. 의사가 극약을 처방해 환자에게 넘겨주는 적극적인 조력자살은 불법으로 규정되지만 드물게 일반 조력자살은 허용된다.

미국의 철학자 제임스 레이철스(James Rachels)는 다음 세 가지 조건이 충족되었을 때에만 안락사가 허용되어야 한다고 말했다. 첫째, 남은 삶이 한시적이어야 한다. 남은 수명이 6개월 미만이라는 진단을 의사 두 명에게서 받아야 한다. 둘째, 마약 수준의 진통제조차 효과가 없을 만큼 엄청난 고통에 시달려야 한다. 셋째, 보호자가 간호를 포기하는 경우가 아닌, 환자 본인을 위한 선택이어야 한다.[2]

죽음으로
존엄을 증명하다

1997년 12월, 보라매병원 사건은 우리나라에서 처음으로 존 엄사와 관련한 묵직한 과제를 던져주었다. 어느 행려 환자가 의 식불명 상태로 응급실에 실려 왔다. 수소문 끝에 그의 부인이 달려왔다. 의사는 보호자인 부인에게 환자가 소생이 불가능하 니 치료해도 가망이 없을 것이라고 말했다. 부인은 연명 치료를 받지 않겠다는 서류에 서명을 했고 병원은 그에 따랐으며 환자 는 사망했다.

그런데 사망 후 또 다른 보호자인 아들이 나타났다. 아들은 연명 치료를 하지 않아 아버지가 세상을 떠났다며 병원을 고발 했고 법원에서는 의사를 살인방조죄로 기소했다. 의료계는 즉 각 반박했지만 법원은 아들의 손을 들어주었다.

이 판결 이후 의사들은 가망이 없다고 판명된 모든 환자들 에게 연명 치료를 시행했다. 보호자가 연명 치료를 거부해도 보 라매병원의 사례를 들며 받아주지 않았다.

2009년, 세브란스병원의 김 할머니 사건으로 존엄사와 연명 치료의 문제가 다시 한 번 전면에 대두되었다. 김모 할머니는 77세로 식물인간 상태였다. 가족들은 치료비를 감당할 수 없어서 연명 치료 중단을 요청했지만 병원 측은 보라매병원의 사례를 들며 이를 거부했다. 보호자는 법에 호소했고 대법원은 존엄사를 허용했다. "회복 불가능한 사망 단계에 이른 환자가 인간의 존엄과 가치 및 행복추구권에 기초해 자기결정권을 행사하는 것으로 인정되는 경우, 연명 의료 중단을 허용할 수 있다." 김 할머니의 경우 식물인간 상태이긴 했으나, 증거와 증언을 종합해봤을 때 할머니가 평소 생명 연장 치료를 받지 않고 자연스러운 죽음을 맞이하겠다는 의사를 표시했을 것으로 추정된다는 것이었다. 판결에 따라 인공호흡기는 제거되었지만 할머니는 200여 일을 더 생존했다. 우리나라에서 존엄사와 연명 치료에 관한 법안은 아직 국회를 통과하지 못한 상태로, 향후에도 치열한 논란이 예상된다.

존엄사를 인정하지 않는 것은 죽을 사람보다 살아남을 사람의 입장을 고려한 결과다. 사는 것이 죽는 것보다 더 비참하다면, 죽음만이 스스로의 존엄을 증명하는 마지막 선택이라면, 죽음에 처한 이의 입장을 먼저 고려해야 하지 않을까.

전신에 끔찍한 화상을 입은 환자가 있다. 그는 엄청난 고통에 시달린나. 의사는 두 가지 이유를 들어 수술할 것을 제안한다. 고통스럽지만 몇 차례 수술을 하면 목숨은 건질 수 있다는 것. 그러나 수술하지 않으면 곧 죽는다는 것. 환자는 의사의 얘기를 듣고 이렇게 말한다. "의사 선생님 말씀이 당연히 옳겠죠! 그렇다고 하더라도 전 두 가지 이유로 죽는 길을 택하겠습니다. 첫째, 그렇게 고통스러운 수술을 감당할 자신이 없습니다. 둘째, 그렇게 해서 살아봐야 이전 같은 삶을 계속할 수 없습니다."

당신이 의사라면 어떻게 하겠는가? 환자의 요청대로 살릴 수 있는 환자를 수술하지 않고 조용히 보내주겠는가? 아니면 환자의 의견을 무시하고 강제로 수술하겠는가? 결국 의사는 히포크라테스 선서에 따라 환자의 동의 없이 수술에 돌입한다. 그 결과 환자는 화상을 극복하고 살아난다.

진짜 문제는 여기서 시작된다. 그 환자는 '왜 나를 살렸느냐'며 의사에게 끊임없이 항의한다. 그래서 의사가 다시 묻는다. "환자분은 지금이라도 자살하겠습니까?" 환자는 물론 지금 자살할 생각은 없다고 답한다. 의사는 또 묻는다. "지금 왜 내게 항의하는 겁니까? 그때 상황으로 돌아가면 수술을 받지 않겠습니까?" 환자는 답한다. "지금 내가 그때로 돌아간다 해도 역시 수술을 받지 않을 겁니다. 지금 당장 자살하고 싶은 마음은 없지만, 내 동의 없이 나를 살려낸 당신이 잘못한 것은 분명합니다."

그 환자는 결국 의사에게 손해 배상 소송을 건다. 자, 당신이 만약 이 사건을 담당한 판사라면 어떤 판결을 내리겠는가?

1 태어나는 것이 선택의 대상이 아니듯 죽는 것도 선택의 대상이 될 수 없는가?

---

2 삶의 가치가 송두리째 박탈된다는 것은 어떤 경우인가?

---

3 다수를 위해 죽음을 선택하는 것은 허용될 수 있는가?

참고문헌

01

1. 다우베 드라이스마, 《나이 들수록 왜 시간은 빨리 흐르는가》, 김승욱 옮김, 에코리브르, 2005, 319~321쪽.
2. 질 프라이스·바트 데이비스, 《모든 것을 기억하는 여자》, 배도희 옮김, 북하우스, 2009, 54쪽, 55쪽, 259쪽. "우리 삶에서 얼마간 잊을 수 있다는 건 가치 있고 의미 있는 것이다."
3. 세네카, 《인생이 왜 짧은가》, 천병희 옮김, 숲, 2005, 8쪽.
4. 세네카, 《인생이 왜 짧은가》, 천병희 옮김, 숲, 2005, 30쪽.

02

1. 프리드리히 엥겔스, 《가족·사유재산·국가의 기원》, 김대웅 옮김, 아침, 1991, 37~112쪽.
2. 존 롤스, 《정의론》, 황경식 옮김, 이학사, 2003, 123~132쪽.
3. 로버트 노직, 《아나키에서 유토피아로》, 남경희 옮김, 문학과지성사, 1997, 193쪽.
4. 조지 오웰, 《동물농장》, 김종호 옮김, 청목, 2000, 127쪽.

03

1. 레프 니꼴라예비치 똘스또이, 《이반 일리치의 죽음》, 이강은 옮김, 창비, 2012, 103쪽.
2. 장자, 《장자》, 안동림 옮김, 현암사, 2010, 503~504쪽.
3. 장자, 《장자》, 안동림 옮김, 현암사, 2010, 750~751쪽.
4. 마르쿠스 아우렐리우스, 《명상록》, 안정효 옮김, 황금두뇌, 2000, 217쪽.

04

1. 손무,《손자병법》, 김석환 옮김, 학영사, 1997, 51쪽.
2. 손무,《손자병법》, 김석환 옮김, 학영사, 1997, 17~22쪽.
3. 플라톤,《소크라테스의 변명 외》,권혁 옮김, 돋을새김, 2008, 66쪽.

05

1. 존 스튜어트 밀,《자유론》, 김형철 옮김, 서광사, 2008, 31쪽.
2. 버트런드 러셀,《서양의 지혜/철학이란 무엇인가 : 행복의 정복》, 정광섭 옮김, 동서문화사, 2007, 845쪽.
3. 아리스토텔레스,《니코마코스 윤리학》, 이창우·김재홍·강상진 옮김, 이제 이북스, 2006, 30쪽.
4. 로버트 L. 애링턴,《서양 윤리학사》, 김성호 옮김, 서광사, 2003, 136쪽, 164~168쪽, 179~180쪽.
5. 아리스토텔레스,《니코마코스 윤리학》, 이창우·김재홍·강상진 옮김, 이제 이북스, 2006, 373~377쪽.

06

1. 윌리엄 베너드,《위즈덤 스토리북》, 유소영 옮김, 일빛, 2008, 85~86쪽.
2. 니체,《짜라투스트라는 이렇게 말했다》, 사순옥 옮김, 홍신문화사, 1987, 31쪽. "나의 형제들이여, 사자는 할 수 없는 것을 어린아이가 능히 할 수 있는 것은 무엇인가? 약탈하는 사자가 다시 어린아이가 되지 않으면 안 되는 이유는 무엇인가? 어린아이는 천진무구 그 자체이며, 망각이다. 하나의 새로운 시작이며, 쾌락이다. 스스로 굴러가는 바퀴이며, 시원의 운동이며 신성한 긍정이다. 그렇다. 나의 형제들이여, 창조라는 쾌락을 위해서는 신성한 긍정이 필요하다."

07

1. 아리스토델레스,《형이상학》, 한석환 옮김, 지만지, 2011, 29쪽. "모든 인간은 본성적으로 앎을 얻기 위해 애쓴다."
2. 댄 애리얼리,《경제심리학》, 김원호 옮김, 청림출판, 2011, 81~84쪽.

3. 칼 마르크스, 《경제학-철학수고》, 김태경 옮김, 이론과실천, 1992, 54~68쪽. "노동자가 상품을 많이 생산하면 생산할수록, 그는 더욱더 저렴한 상품으로 된다. (중략) 노동은 상품만을 생산하는 것이 아니라, 자기 자신과 노동자를 하나의 상품으로서 생산해낸다."

4. 칼 마르크스·프리드리히 엥겔스, 《독일이데올로기 1》, 박재희 옮김, 청년사, 2007, 64쪽.

5. 헤겔, 《정신현상학1》, 임석진 옮김, 한길사, 2005, 228~232쪽.

08

1. 아리스토텔레스, 《니코마코스 윤리학》, 강상진·김재홍·이창우 옮김, 길, 2011, 168~171쪽.

2. 플라톤, 《국가·정체》, 박종현 옮김, 서광사, 2005, 82쪽.

3. 플라톤, 《국가·정체》, 박종현 옮김, 서광사, 2005, 92쪽.

4. 마이클 샌델, 《돈으로 살 수 없는 것들》, 안기순 옮김, 와이즈베리, 2012, 42~46쪽.

5. 이솝, 《이솝우화》, 천병희 옮김, 숲, 2013, 233쪽.

6. 사마천, 《사기열전 상》, 김원중 옮김, 을유문화사, 1999, 65~67쪽.

09

1. 낸시 프레이저·악셀 호네트, 《분배냐, 인정이냐?》, 김원식·문성훈 옮김, 사월의책, 2014, 209쪽. 악셀 호네트는 사회적 부정의는 개인의 도덕적 기대에 대한 무시의 경험이라고 주장했다. "따라서 나에게는 불의 경험이 일련의 인정의 유보, 즉 무시의 형태들을 통해 파악될 수 있다는 생각이 훨씬 설득력이 있는 것으로 보인다."

2. 존 롤스, 《정의론》, 황경식 옮김, 이학사, 2003, 105~110쪽.

3. 존 롤스, 《정의론》, 황경식 옮김, 이학사, 2003, 105~110쪽.

4. Yves Morieux·Peter Tollman, 《Six Simple Rules》, Harvard Business School Press, 2014, 109~134쪽.

5. 장 자크 루소, 《사회계약론·인간 불평등 기원론》, 이태일 외 옮김, 범우사, 1994, 256쪽.

10

1. George Sher, 《Ethics: Essential Readings in Moral Theory》, Routledge, 2012, 255쪽.

2. Philippa Foot, 《Virtues and Vices》, Oxford University Press, 2003, 19쪽.

3. 존 스튜어트 밀, 《공리주의》, 이을상 옮김, 지만지, 2008, 35쪽.

4. 존 스튜어트 밀, 《공리주의》, 이을상 옮김, 지만지, 2008, 61~62쪽.

5. 존 스튜어트 밀, 《공리주의》, 이을상 옮김, 지만지, 2008, 63쪽.

11

1. 플라톤, 《국가·정체》, 박종현 옮김, 서광사, 2005, 448~458쪽.

2. 전헌상, 「아리스토텔레스 《형이상학》」, 〈철학사상〉 별책 제7권 제9호, 서울대학교철학사상연구소, 2006, 162쪽.

3. 로버트 L. 애링턴, 《서양 윤리학사》, 김성호 옮김, 서광사, 2003, 237~238쪽. "자연법의 명령은 실천이성 자체가 인간의 선이라고 인식한 모든 해야 할 것과 하지 말아야 할 것을 포함한다." 새뮤얼 이녹 스텀프·제임스 피저, 《소크라테스에서 포스트모더니즘까지》, 이광래 옮김, 열린책들, 2004, 285쪽. "우주의 체계는 신의 이성에 의해 지배받고 있다. 그러므로 우주의 지배자인 신 안에 내재하는 사물들의 지배에 대한 관념 그 자체는 법의 본질을 소유하고 있다. 그리고 신의 이성이 소유하는 사물들에 대한 개념은 시간에 속하지 않으며 영원하기 때문에 이러한 종류의 법은 영원하다고 해야 한다."

12

1. 한비, 《한비자 I》, 이운구 옮김, 한길사, 2002, 195~196쪽.

13

1. 임마누엘 칸트, 《윤리형이상학 정초》, 백종현 옮김, 아카넷, 2005, 148쪽.

2. 주셉 플레처, 《상황윤리》, 이희숙 옮김, 종로서적, 1989, 41~51쪽, 105~117쪽.

3. 한비, 《한비자》, 김원중 옮김, 현암사, 2003, 219쪽.

15

1. 대니얼 데닛, 《자유는 진화한다》, 이한음 옮김, 동녘사이언스, 2009, 27쪽, 389~399쪽.
2. 문병호, 《30주제로 풀어 쓴 기독교 강요》, 생명의말씀사, 2011, 244~254쪽. "예정은 구속에 대한 하나님의 영원한 작정을 의미한다. 어떤 사람에게는 영원한 생명이, 어떤 사람에게는 영원한 저주가 예정되어 있다." 한국칼빈학회, 《칼빈 신학 개요》, 두란노아카데미, 125~140쪽. "하나님은 예정하실 때, 인간 안에 있는 어떤 조건을 보고 하신 게 아니다. 인간의 공로와 관계없이 하나님의 뜻에 따라 무조건적으로 예정하신다. 따라서 하나님의 뜻은 예정의 궁극적인 이유다."
3. 작자 미상, 《주역 계사전》, 정진배 옮김, 지만지, 2014, 82쪽.

16

1. 니체, 《짜라투스트라는 이렇게 말했다》, 사순옥 옮김, 홍신문화사, 1987, 73쪽. "인간은 자신을 보존하기 위해서 무엇보다도 먼저 여러 사물들에 나름대로 가치를 부여해왔다. 또한 인간은 사물의 의미를 창조했다. 그래서 인간은 스스로를 '인간', 즉 '평가하는 자'라고 부르는 것이다."
2. 임마누엘 칸트, 《윤리형이상학 정초》, 백종현 옮김, 아카넷, 2005, 150쪽 (B68의 각주).

17

1. 토머스 홉스, 《리바이어던》, 최공웅·최진원 옮김, 동서문화사, 2009, 135쪽.
2. 마키아벨리, 《군주론》, 강정인·김경희 옮김, 까치, 2008, 113~115쪽.
3. 로버트 액설로드, 《협력의 진화》, 이경식 옮김, 시스테마, 2009, 145~147쪽.
4. 마르틴 부버, 《나와 너》, 김천배 옮김, 대한기독교서회, 2000, 90쪽.

18

1. 제러미 벤담, 《파놉티콘》, 신건수 옮김, 책세상, 2007, 19쪽.

19

1. 사마천, 《사기열전 상》, 김원중 옮김, 을유문화사, 1999, 163~164쪽.
2. 장자, 《장자》, 안동림 옮김, 현암사, 2010, 718쪽.

20

1. 임마누엘 칸트, 《윤리형이상학 정초》, 백종현 옮김, 아카넷, 2005, 132쪽.
2. 임마누엘 칸트, 《윤리형이상학 정초》, 백종현 옮김, 아카넷, 2005, 148쪽.
3. 임마누엘 칸트, 《윤리형이상학 정초》, 백종현 옮김, 아카넷, 2005, 156쪽.
4. 임마누엘 칸트, 《윤리형이상학 정초》, 백종현 옮김, 아카넷, 2005, 156쪽.
5. 손 아처, 《행복의 특권》, 박세연 옮김, 청림출판, 2012, 156~159쪽.
6. Sissela Bok, 《Lying: Moral Choice in Public and Private Life》, Vintage Books, 1989.

21

1. 아리스토텔레스, 《니코마코스 윤리학》, 이창우·김재홍·강상진 옮김, 이제이북스, 2006, 199쪽.
2. James Rachels, 《The End of Life: Euthanasia and Morality》, Oxford University Press, 1986, 182~187쪽.

철학의 힘

1판 1쇄 발행   2015년 4월 20일
2판 1쇄 발행   2024년 7월 25일
2판 2쇄 발행   2024년 10월 22일

지은이 김형철

마케팅 이주형
경영지원 강신우, 이윤재
제작 357 제작소

펴낸이 이정아
펴낸곳 (주)서삼독
출판신고 2023년 10월 25일 제 2023-000261호
대표전화 02-6958-8659
이메일 info@seosamdok.kr

© 김형철
ISBN 979-11-93904-10-7 (03100)

서삼독은 작가분들의 소중한 원고를 기다립니다. 주제, 분야에 제한 없이 문을 두드려주세요.
info@seosamdok.kr로 보내주시면 성실히 검토한 후 연락드리겠습니다.